¡TODOS A BORDO!

(Cuentos de siempre para el mundo de hoy)

Revised Printing

Octavio DelaSuarée, Ph.D. | **Kenneth Cappetta, Ph.D.**

The William Paterson University of New Jersey

Kendall Hunt
publishing company

Cover images © Shutterstock, Inc.
Chapter opener photos provided by Octavio DelaSuarée.

Kendall Hunt
publishing company

www.kendallhunt.com
Send all inquiries to:
4050 Westmark Drive
Dubuque, IA 52004-1840

Printed in the United States of America
10 9 8 7 6 5 4 3

To our colleagues and students
in the Spanish and LAS Program
at William Paterson University.

Índice

Photo taken by James Miles.

*Dr. Kenneth Cappetta (at right), PhD in Foreign Language Education and Linguistics, The Ohio State University, is adjunct faculty in the Spanish Program at the Department of Language and Cultures in The William Paterson University of New Jersey. Dr. Octavio DelaSuarée (at left), PhD in Spanish, The City University of New York, is a professor of Spanish and department chairperson.

Introducción

!Todos a bordo! (Cuentos de siempre para el mundo de hoy) is intended as a high beginner reader, suited for second semester of college first year language study courses. Its aim is to provide first year students with short stories from the Spanish speaking world and grammar analysis. The stories were chosen on the basis of providing attainable reading comprehension, humor, and a presentation of well-known Spanish writers. The authors of this text have found that although there is a rather large number of Spanish reading anthologies in the market, very few truly focus on the beginning student, especially those enrolled in Spanish honors sections. Largely from hands-on classroom experience in the last years, we have learned that there is a pressing need for texts with reading selections and a somewhat traditional approach to grammar. We have thus selected some timeless stories which have proven to be pertinent for the second semester student.

Besides selecting appropriate work for our intended level, we have also found that the great challenge language faculty has faced for the last thirty years or so, especially here at The William Paterson University of New Jersey, has been to teach students a one year language sequence (Basic I and II) as part of the university-wide General Education requirement. Classes meet here twice a week for two seventy-five minute periods, which make language learning a more demanding effort. It has not been easy to make the most of this opportunity to teach students about Hispanic culture in general along with first year grammar and basic expressions as well. Nonetheless, it has been a positive outcome as a whole in the large majority of cases where the student, regardless of major, can approach foreign language learning not only inductively but also deductively.

Grammar points focus primarily as a summary or review intended to complement the main textbook's presentations and explanations. We felt that by acknowledging a traditional grammatical approach, students and professors can further understand and explain the Spanish language through interpretative exercises. Exercises have been tested in class over and over again and proven to be very helpful in understanding the Spanish language via two methodologies. It is also true that in our experience faculty, both full and part time, has always managed to get by in class with a mixture of diverse methodological techniques.

Finally, there are a number of people who contributed a great deal to carry this project to its successful completion, and we're very indebted to them also for their friendship and support. The authors wish to thank all of our colleagues in the Spanish Program at The William Paterson University of New Jersey, full time as well as adjunct faculty, who assisted us in a variety of ways. We're also heavily indebted to our Language Lab Director, Mr. James Miles, for his ideas and support of this project from its inception. Jim not only typed and fought the computer program on a daily basis so that we could move on, but we also owe him the art work as well as the pictures. We also wish to acknowledge the suggestions and assistance provided by our department secretary, Ms. Lorraine Caruso, the Lab Assistant Director, Mr. John Scarlata, and our graduating Spanish Major, Mr. Adán López.

To all, thank you from the bottom of our hearts!

Kenneth M. Cappetta

Octavio DelaSuarée

Grammar Content

Historia de un hombre que actúa sin pensar

I. VOCABULARIO

1. el hijo = son
2. el día= day
3. el rey = king
4. el consejero = advisor
5. el ejemplo = example
6. el mercado = market
7. la cueva = cave
8. el perro = dog
9. la víbora = snake
10. pensar (ie) = to think

11. querer (ie) = to wish, want
12. contar (ue) = to tell, count
13. arrepentirse (ie) = to repent
14. quedarse = to remain, stay
15. golpear = to hit
16. matar = to kill
17. dentro de = within
18. un rato = a while
19. tratar de = to try
20. ya = already

A. WORD RELATIONSHIPS

As you study relationships between words you can also increase your Spanish vocabulary by observing the following rule. If a Spanish word ends in -ción, the English word will end in -tion and viceversa.

1. Write the English words for the following:

    1. acción_____

    2. demostración_____

    3. relación_____

    4. liberación_____

    5. investigación_____

    6. resignación_____

    7. revolución_____

    8. evolución_____

    9. moción_____

    10. clarificación_____

2. Write the Spanish words for the following:

    1. regulation_____

    2. decentralization_____

    3. industrialization_____

    4. legislation_____

    5. naturalization_____

    6. emotion_____

    7. lotion_____

    8. nation_____

    9. attraction_____

    10. deduction_____

Note that all the Spanish words ending in -ción have feminine definite articles.

EXAMPLE: la revelación

Another rule to follow to increase word power in Spanish is that if the Spanish word ends in -dad or -tad the English word will end in -ty and viceversa.

EXAMPLE: la ciudad

3. Write the English equivalents for the following:

    1. universidad_____

    2. claridad_____

    3. calamidad_____

    4. eternidad_____

    5. libertad_____

    6. brevedad_____

    7. actualidad_____

    8. nacionalidad_____

    9. oportunidad_____

    10. caridad_____

4. Write the Spanish for the following words:

1. creativity_____
2. anonimity_____
3. serenity_____
4. enmity_____
5. specialty_____
6. clarity_____
7. entity_____
8. reality_____
9. electricity_____
10. identity_____

Note that these words also have feminine articles.

EXAMPLE: la dedicación

II. CUENTO

Historia de un hombre que actúa sin pensar

Del *Libro de Calila y Dimna*

Un día le dice el Rey a su Consejero:

• Quiero oír el ejemplo del hombre que hace las cosas sin pensar.

El Consejero entonces le contesta:

• Señor, el hombre que no piensa, después se arrepiente, porque le pasa lo mismo que al marido bravo y al perro fiel.

El Rey, muy interesado, le pide a su Consejero la historia del hombre y el perro.

El Consejero comienza a contar:

• Esta historia es sobre un matrimonio que tiene un hijo muy bello. Un día la madre tiene que ir al mercado a comprar cosas para su casa. Antes de salir le dice al marido: "Cuida la casa y tu hijo mientras voy de compras. Regreso dentro de un rato."

• El marido cuida al hijo, pero más tarde tiene que salir también. El hijo se queda con el perro de la casa. Pero el perro y el niño no están solos. En la casa hay una cueva oscura donde vive una serpiente muy grande y mala. Ahora que sabe que el niño está solo la víbora sale de la cueva y se acerca al cuarto. Cuando el perro ve la víbora salta sobre ella. Después de una lucha a muerte con la serpiente, el perro queda todo lleno de sangre.

• Al poco rato regresa el padre a la casa. Al abrir la puerta, el perro lo recibe muy contento y trata de demostrar su lealtad y su valor. El hombre mira al perro y lo ve todo ensangrentado. En seguida piensa en su hijo. Cree que está muerto y que el perro es el responsable. Lleno de ira, golpea y mata al perro. Después entra al cuarto y ve que el niño está vivo y sano, y que a su lado hay una víbora muerta. Inmediatamente comprende todo y comienza a llorar. En ese momento entra su mujer y le pregunta: "¿Por qué lloras? ¿Qué hace esta víbora aquí? ¿Por qué está muerto nuestro perro?" El marido, muy triste le cuenta todo a su mujer, y después ella le dice: "Éste es el fruto de las acciones que hacemos sin pensar. El que no piensa se arrepiente de sus acciones apresuradas cuando ya es muy tarde."

A. Preguntas de comprensión

1. ¿Que le pregunta el Rey a su Consejero?
2. ¿Quién cuenta la historia y cómo?
3. ¿A dónde tiene que salir la madre?
4. ¿Qué error comete el padre?
5. ¿Quién gana la pelea entre los dos animales?
6. ¿Cúal es la moraleja del cuento?

B. Temas para comentar o escribir

1. Discuta las relaciones entre el padre y la madre.
2. Discuta el peligro de dejar solos a los niños.
3. Discuta la fidelidad del perro.
4. Discuta el peligro de actuar sin pensar en las consecuencias.
5. Discuta la lucha entre los animales.

III. GRAMÁTICA

A. Verbs

All verbs in Spanish have two parts: a stem and an ending. The stem tells you what the verb means and the ending conveys person (I, you, he, she, it, we, you (pl.) or they), and tense.

Verbs either end in *ar,* such as *"estudiar"*, *er,* such as *"comer"*, or *ir* like *"vivir"*. The stem is the verb minus the ending. For example, in *estudiar* the stem is *estudi*, which means study, and the *ar* ending tells you that the verb is not conjugated but in the infinitive form.

If the verb ends in *er,* as in "comer", or *ir,* as in *vivir,* the stems are *com* and *viv* respectively.

When we conjugate a verb we are putting it into person and tense. Again, the verb ending conveys person and tense, be it past, present, or future.

B. The Present Tense of Regular "ar", "er", and "ir" Verbs

The present tense conveys an action that is occurring now. To conjugate a regular verb, we take the stem and add the appropriate ending to it. Example for *ar* verbs:

estudiar

estudio	estudiamos
estudias	estudiáis
estudia	estudian

the main vowel here is the "a"

Example for *er* verbs:

comer

como	comemos
comes	coméis
come	comen

Example for *ir* verbs:

vivir

vivo	vivimos
vives	vivís
vive	viven

the main vowel in the last two examples is the "*e*"

Since verbs have different endings, the subject pronouns do not always need to be used with them, but rather are used to emphasize or clarify, especially with third person singular and plural. Verbs are conjugated in person, tense and number. For example:

1st person sing.	estudio	1st person pl.	estudiamos
2nd person sing.	estudias	2nd person pl.	estudiáis
3rd person sing.	estudia	3rd person pl.	estudian

The same concept applies for all -er and -ir verbs as well. Remember the verb ending conveys the person and the tense that the verb is in.

These verbs are translated in English like:

I study, I do study, I am studying
You study, you do study, you are studying
He, she, it studies, he, she, it does study; he, she it, is studying
We study, we do study, we are studying
You (pl.) study, you do study, you are studying
They or you (pl.) study, they do study, they are studying

Here's another sample for all subject pronouns:

I (Yo), You (Tú), He (Él), She (Ella), You (Ud.),

We (Nosotros), You (Vosotros), You (Vosotras), They (Ellos), They (Ellas), You plural (Uds.).

Yo	estudio	como	vivo
Tú	estudias	comes	vives
Él, ella, Ud.	estudia	come	vive
Nosotros	estudiamos	comemos	vivimos
Vosotros	estudiáis	coméis	vivís
Ellos, Uds.	estudian	comen	viven

Some common regular -ar, -er, and -ir verbs are;

-ar	-er	-ir
preparar	comer	discutir
practicar	aprender	abrir
caminar	beber	acudir
llegar	leer	subir
trabajar	creer	vivir
hablar	deber	escribir
amar	comprender	recibir
estudiar	sorprender	repetir
notar	etc.	etc.
avisar		
llamar		
castigar		
etc.		

IV. EXERCISES

1. Write the subject of the following verbs:

1. entran_____
2. sacrificamos_____
3. aprenden_____
4. vivo_____
5. bebes_____
6. recibe_____
7. estudia_____
8. participan_____
9. amamos_____
10. escribís_____
11. como_____
12. prepara_____
13. beben_____
14. lees_____
15. recibimos_____

2. Complete the sentences using the noun or pronoun provided with the correct form of the verb:

Example Yo (tocar)—*Yo toco el pieno.*

1. Él (cuidar)_____
2. Nosotros (aprender)_____
3. Mi madre y yo (preparar)_____
4. Tú (tomar)_____
5. El diablo (atacar)_____
6. El sol no (brillar)_____
7. Ellos (escribir)_____
8. El joven (beber)_____
9. Yo (amar)_____
10. Ellos (entrar)_____
11. Ella (andar)_____
12. Los alumnos (recibir)_____
13. Nosotros (trabajar)_____
14. El enfermo (gritar)_____
15. Los chicos y yo (vivir)_____

3. Translate the following verbs into English:

1. viven_____
2. leo_____
3. preparas_____
4. trabajamos_____
5. aprendes_____
6. recibo_____
7. comemos_____
8. escribimos_____

    9. preparan_____

   10. amo_____

4. Translate into Spanish:

    1. I am living_____

    2. They learn_____

    3. You do prepare_____

    4. He smokes_____

    5. I do write_____

    6. They do work_____

    7. She drinks_____

    8. We are learning_____

    9. They take care of_____

   10. You (tú) arrive_____

C. Irregular Verbs in the Present Tense

Not all verbs follow exactly the above rules of conjugation. They are called irregular verbs. The following are some irregular verbs:

caer = to fall	oír = to hear	tener = to have
dar = to give	poner = to put	traer = to bring
decir = to tell	saber = to know	valer = to be worth
estar = to be	salir = to leave	venir = to come
haber = to have	subir = to go up	ver = to see
ir = to go	ser = to be	
hacer = to do, make		

Even though they are irregular they do have observable patterns:

	Yo	Tú	Él	Ella	Ud.	Nosotros	Vosotros	Ellos	Uds.
ser	soy	eres	es	es	es	somos	sois	son	son
estar	estoy	estás	está	está	está	estamos	estáis	están	están
tener	tengo	tienes	tiene	tiene	tiene	tenemos	tenéis	tienen	tienen
venir	vengo	vienes	viene	viene	viene	venimos	venís	vienen	vienen
ir	voy	vas	va	va	va	vamos	vais	van	van
dar	doy	das	da	da	da	damos	dais	dan	dan
ver	veo	ves	ve	ve	ve	vemos	veis	ven	ven
saber	sé	sabes	sabe	sabe	sabe	sabemos	sabéis	saben	saben
hacer	hago	haces	hace	hace	hace	hacemos	hacéis	hacen	hacen
traer	traigo	traes	trae	trae	trae	traemos	traéis	traen	traen
poner	pongo	pones	pone	pone	pone	ponemos	ponéis	ponen	ponen
decir	digo	dices	dice	dice	dice	decimos	decís	dicen	dicen
salir	salgo	sales	sale	sale	sale	salimos	salís	salen	salen
valer	valgo	vales	vale	vale	vale	valemos	valéis	valen	valen
oír	oigo	oyes	oye	oye	oye	oímos	oís	oyen	oyen
caer	caigo	caes	cae	cae	cae	caemos	caéis	caen	caen

Think!: What is an observable patterns that they follow. Focus on stem and ending!

5. Write the infinitive of the following irregular verbs:

1. hago_____
2. venimos_____
3. sales_____
4. veo_____
5. traigo_____
6. dicen_____
7. tengo_____
8. es_____
9. son _____
10. pongo_____

6. Write the subject of the following irregular verbs:

1. salgo_____
2. pones_____
3. va_____
4. eres_____
5. vengo_____
6. hago_____
7. oyen_____
8. tienes_____
9. soy_____
10. estáis_____

7. Give the correct form of the verb for each sentence:

1. El sol se (poner) en el oeste_____ .
2. Yo le (dar) el examen al profesor_____ .
3. Ellos le (decir) la verdad a la policía_____ .
4. Nosotros (estudiar) nuestros apuntes todos los días_____ .
5. El diamante (valer) mucho dinero_____ .
6. Yo (ver) los edificios a lo lejos_____ .
7. Yo (salir) para la escuela a tiempo_____ .
8. Yo (saber) la verdad_____ .
9. (Hacer) mucho frío en el invierno_____ .
10. Ud. (oír) la música en el radio_____ .
11. Tú (venir) a tiempo_____ .
12. Yo (estar) en clase por la mañana_____ .
13. Nosotros (ser) alumnos por toda la vida_____ .
14. Yo (traer) los libros a clase todos las viernes_____ .
15. Yo siempre me (caer) cuando esquío en las montañas en el invierno_____ .

Una comida memorable

I. VOCABULARIO

la comida = supper
la mesa = table
la sirvienta = servant
la sopa = soup
la carne = meat
las legumbres = vegetables
el jamón = ham
la gallina = hen

el tocino = bacon
los huevos = eggs
la ternera = veal
los pichones = small birds
el pavo = turkey
el pescado = fish
las aceitunas = olives

A. PREGUNTAS SOBRE EL VOCABULARIO

1. ¿Dónde nos sentamos cuando comemos?
2. ¿Qué te gusta comer a ti?
3. ¿Comes mucho? ¿Por qué?
4. ¿Cómo se dice "dinner" en español?
5. Menciona dos platos favoritos tuyos.

1. _____
2. _____
3. _____
4. _____
5. _____

II. CUENTO

Una comida memorable

de

Mariano José de Larra
a.k.a. Fígaro

A mi edad no me gusta alterar el orden que tengo establecido en mi manera de vivir ¿Por qué? Porque no he abandonado nunca mi sistema sin haberme arrepentido.

El otro día iba yo por la calle pensando en ciertos materiales para un artículo, cuando una gran mano me dio un horrible golpe en uno de mis hombros. Traté de volverme para ver al individuo que así se anunciaba en forma tan enérgica, pero el hombre me cubrió entonces los ojos y me gritó: -¿Quién soy? -¡Un animal! — iba yo a decir, pero pensé en quién podía ser y respondí: - Braulio eres.

Al oírme, ríe Braulio como un niño de seis años.

- ¡Bien, amigo mío! ¿Cómo me has reconocido?
- ¿Quién podía ser sino tú?
- ¡Qué coincidencia! ¿Sabes que mañana son mis días? Pues, estás invitado.
- ¿A qué?
- A comer conmigo.
- No puedo, Braulio; no me es posible porque . . .
- ¡Nada, nada! Mañana, a las dos. En casa comemos temprano, a la española.
- Tienes que venir; si no vienes me vas a ofender.
- Bueno, a las dos en tu casa — dije con resignación.

Eran ya las dos, y como conocía a mi Braulio, me vestí con calma. Llegué a su casa a las dos y media. No quiero hablar de las palabras ceremoniosas de las visitas: empleados de su oficina con sus señoras y niños y capas, paraguas y perritos. Así pasó más de una hora, hasta que Braulio dijo:

- Vamos a la mesa, querida mía.
- Espera un momento —le contestó su esposa, en voz baja.
- Con tantas visitas no hemos podido terminar . . .
- Bueno, pero ya son las cuatro . . .
- En un instante comeremos.

Eran las cinco y, por fin, nos sentamos a comer.

- Señores, - anunció Braulio, - ¡están en su casa! Y dirigiéndose a mí:
- !Ah!, Fígaro, tú no estás cómodo. ¿Por qué has venido tan elegante? No había necesidad de venir con frac. Vas a arruinarlo.

- Pero ¿por qué? — le respondí, un poco disgustado.
- Mira, te daré una chaqueta vieja mía.
- ¡No es necesario, hombre!
- ¡Oh, sí, sí! Toma, mírala.

En ese momento, me quita el frac y me pone una enorme chaqueta, que sólo me deja libres los pies y la cabeza.

Comenzamos a comer entre interminables expresiones de cortesía:

- ¡Sírvase Vd.! —
- ¡Perdone Vd.!
- ¡Páselo a la señora!
- Esta servilleta es mía, ¿verdad? —
- ¡Muchas gracias!
- ¡De ninguna manera!
- ¡Exquisito!

Después de la sopa vino un cocido español: pasa por aquí la carne; cruzan por allá las legumbres; acá el jamón; la gallina por la derecha; por medio, el tocino; por la izquierda, los huevos. Y después, un plato de ternera, pichones, pavo y pescado, todo en medio de exclamaciones y comentarios.

El niño que tenía a mi izquierda tiraba las aceitunas a una ensalada de tomates con tan poca precisión que una de ellas vino volando a uno de mis ojos. El señor gordo de mi derecha había tenido la precaución de dejar en el mantel cerca de mi pan los huesos de las aceitunas, y el señor de enfrente hacía la autopsia de un pollo. Como la víctima era de avanzada edad y el señor no tenía conocimientos anatómicos, no podía hallar las articulaciones de la inofensiva ave.

- ¡Este pollo no tiene articulaciones! — exclamaba, sudando. - ¡Qué cosa más extraña!

Cuando hacía la disección, colocó mal el tenedor sobre el animal, y el pollo salió volando como en sus tiempos más felices, y cayó sobre el mantel. Otra tentativa y otro desastre: el furioso animal cae en la sopa, inundando mi camisa con el líquido. El buen señor trató de cazar el ave y, al intentarlo, hizo caer al suelo una botella de vino. Viene entonces la criada y retira el pollo, ya completamente arruinado. Al pasar junto a mí, hace una pequeña inclinación y caen unas gotas de grasa en mi pantalón.

- ¡Jesús, José y María! — exclama la esposa, poniéndose pálida.
- ¡No ha sido nada, señores! — dice Braulio. - ¡No ha sido nada!

¿Hay más torturas? ¡Santo cielo! Sí. Doña Juana me da con su tenedor un pastelito que tengo que aceptar; el señor gordo fuma como una chimenea. Por fin ¡último desastre! comienzan los versos infantiles y los discursos. Ahora tengo yo que improvisar un discurso. Digo que no. Ellos insisten. - ¡No, no! - ¡Sí, sí! Hablo y digo estupideces.

Al fin puedo escaparme. Ya estoy en la calle tomando el aire fresco. No puedo pensar. Tengo en la memoria un horrible confusión: el niño con su artillería, el señor gordo que fuma, un pollo furioso, ruidos, aplausos, humo . . . ¡No más comidas a la española! No, no más.

A. Preguntas de comprensión

1. ?Por qué no le gusta al narrador alterar el orden que tiene establecido en su manera de vivir?

2. ¿Con quién se encuentra en la calle? ¿A qué lo invitan?

3. ¿A qué hora se sentaron a comer?

4. ¿Por qué se rompió la botella de vino?

5. ¿Qué dice el narrador en su discurso?

6. ¿Por qué dice Fígaro que no le gustan las comidas a la española?

B. Temas para comentar o escribir

1. Discuta el horario de las comidas en España comparado con el de los Estados Unidos.

2. ¿A qué se refiere el autor con la invitación a una comida a la española? Explique.

3. Explique el uso de las manos, los besos y los abrazos en los saludos hispánicos comparados con los de los Estados Unidos.

4. Discuta los platos típicos de las comidas a la española según Larra.

5. Discuta la ironía de Larra en "Una comida memorable".

III. GRAMÁTICA

A. The Present Progressive Tense

The present progressive tense is used when wanting to emphasize that something is currently going on. It is conveyed by using the present tense of estar: *(estoy, estás, está, estamos, estáis, están)* and the present participle. For *ar* verbs the present participle ending is *-ando: hablar — hablando*, and for *-er* and *-ir* verbs the ending is *iendo: comer — comiendo* and *vivir — viviendo*. The present participle is translated into English by its *-ing* equivalent.

> entrar = entrando
> quitar = quitando
> preparar = preparando
> recibir = recibiendo
> comer = comiendo
> aprender = aprendiendo
> escribir = escribiendo

Thus, the present progressive tense is translated into English as:

> I am (plus main verb)   We are (plus main verb)
> You are (plus main verb)   You (pl.) are (plus main verb)
> You, he, she, it, is (plus main verb)   They are (plus main verb)

So, we have "to be" plus the main "verb" plus the "*ing*" form of the main verb. Example:

> Yo estoy entrando = I am entering
> Tú estás entrando = You are entering
> Él, Ella o Ud. está entrando = He (She) is entering
> Nosotros o nosotras estamos entrando = We are entering
> Vosotros o vosotras estáis entrando = You are entering
> Ellos, ellas o Uds. están entrando = They (You) are entering

IV. EXERCISES

1. Change to the progressive form:

EXAMPLE: "hablan" = "están hablando"

   1. comen_____

   2. escribo_____

   3. bebemos_____

   4. tomo_____

   5. brilla_____

   6. aprenden_____

   7. preparas_____

   8. corres_____

   9. termina_____

Irregular present participle or gerunds are those which change the *i* to *y* when between 2 vowels.

EXAMPLE:

traer	trayendo
leer	leyendo
oir	oyendo

Other irregular present participles are:

pedir	pidiendo
repetir	repitiendo
servir	sirviendo
decir	diciendo
dormir	durmiendo
morir	muriendo

Notice the —*e* changes to —*ie* and the —*o* to —*u*.

2. Change to the progressive form:

EXAMPLE: "hablamos" = "estamos hablando"

   decimos_____

   oyen_____

   vendemos_____

   piden_____

   sirvo_____

   duermo_____

   leo_____

   cae_____

   traen_____

   construye_____

   contribuimos_____

   repito_____

   creen_____

   oyen_____

3. Translate into Spanish in the present progressive tense:

1. We are working_____ .
2. They are learning_____ .
3. I am studying_____ .
4. You (pl.) are reading_____ .
5. Robert is believing_____ .
6. They are repeating_____ .
7. I am saying_____ .
8. They are sleeping_____ .
9. He is dying_____ .
10. We are learning_____ .
11. The student is reading_____ .
12. I am contributing_____ .

La horma de su zapato

I. VOCABULARIO

1. el infierno = hell
2. el diablo = devil
3. cuidar = to take care
4. dejar = to leave, let
5. llegar = to arrive
6. triste = sad
7. trabajar = to work
8. el mundo = world
9. el alma = soul
10. la mujer = woman
11. deber = to ought, should, must
12. pero = but
13. las riñas = quarrels, arguments
14. antes de = before
15. la calle = street
16. la ciudad = city
17. el traje = suit
18. detrás de = behind
19. andar = to walk
20. entrar = to enter
21. mandar = to send
22. tomar = to take
23. leer = to read
24. escribir = to write
25. también = also
26. pasar = to pass, to spend
27. vivir = to live
28. el reloj = clock, watch
29. el vaso = vase, glass
30. besar = to kiss
31. horma = shoe mold, fit

A. MATCH THE OPPOSITE MEANING

1. el diablo_____
2. salir_____
3. la mujer_____
4. vivir_____
5. el infierno____
6. el amor_____
7. dejar_____
8. trabajar_____
9. antes de_____
10. el mar

A. beber
B. descansar
C. el dios
D. el hombre
E. cantar
F. después de
G. entrar
H. pero
I. la tierra
J. el paraíso
K. la calle
L. tomar
M. morir
N. el odio

B. FINISH THE SENTENCE WITH THE APPROPRIATE WORD

1. El diablo vive en el _____.
2. Nueva York es una gran _____.
3. Yo estoy muy _____ porque no tengo amigos.
4. Eva es la _____ de Adán.
5. Quiero _____otro libro.
6. Tengo un nuevo _____ para saber la hora.
7. Mucha personas creen en _____.
8. Necesito _____ una carta para mi primo.
9. Vamos a _____ un autobús.
10. La _____ Pompton está cerca de aquí.

C. USE THE FOLLOWING WORDS IN A CREATIVE SENTENCE

1. la calle
2. también
3. el mundo
4. el reloj
5. cuidar
6. el alma
7. dejar
8. el traje
9. entrar
10. la mujer

1. _____
2. _____
3. _____
4. _____
5. _____
6. _____
7. _____

8. _____

9. _____

10. _____

II. CUENTO

La horma de su zapato

de

Vicente Riva Palacio

En el infierno no todos los diablos son iguales. Hay diablos que son los amos de otros diablos. Unos diablos trabajan mucho, y otros diablos no hacen nada. Hay unos diablos que cuidan muchas almas, y otros diablos que no tienen nada que hacer.

Barac es uno de estos diablos. Barac no tiene nada que hacer en el infierno porque no tiene almas que cuidar. Como sabe mucho, los otros diablos no lo quieren. No dejan llegar a las manos de Barac ninguna de las muchas almas que van al infierno.

Dicen los otros diablos que Barac tiene en el infierno un gran enemigo, un diablo llamado Jeraní. Jeraní se ríe de Barac porque éste no tiene almas que cuidar. Por tener este gran enemigo, Barac aunque es diablo, siempre está muy triste. Barac nunca se ríe de Jeraní.

Un día Luzbel, el amo de todos los diablos del infierno, llama a Barac y le dice:

- Si Ud. quiere—porque también en el infierno los diablos se hablan de Ud. — estar aquí en el infierno, tiene que trabajar. Además, no queremos tener en el infierno diablos tristes. Para estar contento, tiene Ud. que trabajar. Y para poder trabajar en el infierno, hay que tener almas que cuidar. Como Ud. no tiene ninguna, y aquí en el infierno ya todas las que hay tienen sus diablos que las cuidan, tiene Ud. que salir al mundo y traer una. Tiene Ud. que estar aquí en el infierno otra vez dentro de doce días, a las doce en punto de la noche. Tiene Ud. que traer del mundo el alma de una mujer. Pero esa mujer debe ser joven y hermosa.
- Está bien — dice Barac — voy a salir para el mundo en seguida.
- Sí, puede Ud. salir en seguida, pero dentro de doce días, a las doce en punto, quiero verlo aquí otra vez.

Aunque Barac por algunos años no ha salido del infierno, ahora está muy contento porque va al mundo. Además, ya tiene algo que hacer. Ahora puede ser igual a su enemigo Jeraní, pues va a traer el alma de una mujer, y va a ser el alma de una mujer joven y hermosa, que son las almas que más les gustan a los diablos en el infierno. Como siempre hay riñas entre los dos diablos, Barac está muy contento porque por doce días no va a ver a su enemigo Jeraní.

Esa misma noche Barac sale del infierno. Como no ha estado en el mundo por algunos años, espera ver a los hombres tales como los ha visto antes. Y al ver que ahora el mundo no se parece en nada al mundo de hace algunos años, Barac cree que está en otro lugar y no en la Tierra. Cree que ha tomado otro camino y que ahora está en otro lugar.

La horma de su zapato by Vincente Riva Placio.

Barac llega a una gran ciudad y anda por sus calles. En seguida llega a un lugar que él conoce y donde él ha estado hace muchos años. Este lugar se llama la Puerta del Sol. Barac, al ver que está en la Puerta del Sol, sabe que está en Madrid, ciudad que él conoce muy bien, pues ha vivido allí anteriormente. Ahora Barac ya sabe que está en la Tierra y está muy contento.

Barac llega a Madrid como un hombre de unos veinte y cinco años. Es un señor muy rico y tiene mucho dinero. Su traje y sus zapatos son muy elegantes. Barac ahora no se parece a los diablos del infierno.

Barac vive en el Hotel de Roma. Cuando alguna persona le pregunta algo sobre su vida, él dice que no es español, que no habla español muy bien, pero que va a estar en Madrid por algún tiempo para conocer la ciudad. Dice que le gusta Madrid porque allí hay muchas mujeres hermosas.

Después de estar en el Hotel de Roma uno o dos días, sale a las calles de la ciudad para ver a las jóvenes de Madrid. Todas las mujeres hermosas le gustan a Barac, que ahora se llama el Marqués de la Parrilla, y a todas las quiere seguir. Ve que hay muchas mujeres hermosas en la ciudad y no sabe qué hacer para llevarse a la más hermosa.

Así pasan uno o dos días más. Una tarde, por la Calle del Caballero de Gracia, al salir del Hotel de Roma, el Marqués ve pasar a la joven más hermosa que ha visto. La joven va con una señora ya vieja.

Es una joven de unos veinte años. "Ésta me gusta mucho", dice el Marqués de la Parrilla, y se pone a seguir a las dos mujeres. Anda algún tiempo detrás de la joven a quien no conoce. En la Calle de Alcalá, las ve detenerse y hablar con un señor. Este señor es un amigo del Marqués de la Parrilla. El señor, después de hablar con la joven y la señora por algún tiempo, sigue andando por la calle. Después de algunos minutos, el señor se encuentra con el Marqués.

- ¡Hombre!—dice el Marqués—¿quién es esa mujer tan hermosa?
- Es Menegilda.
- ¿Pero así se llama?
- No; pero es una joven que trabaja en el teatro y las personas que siempre van al teatro la llaman así. Yo creo que se llama Irene.
- Y esa señora que va con ella, ¿es su madre?
- Sí, es su madre.
- Pero, ¡qué hermosa es Irene!—dice el Marqués.
- Es muy hermosa; pero también es una mujer que sabe más que un hombre, y puede reírse del mismo diablo.

Al oír esto, el Marqués quiere preguntar al señor si sabe la verdad, si sabe quién es él, pero no dice nada. El señor se va y el Marqués se queda pensando en lo que ha dicho su amigo. Pero en seguida piensa otra vez en Irene y, como ya sabe algo de ella, se pone a andar otra vez detrás de las dos mujeres hasta verlas entrar en el teatro Apolo. El Marqués no entra en el teatro, pero se queda en la puerta por algún tiempo.

Desde ese día el Marqués va todas las noches al teatro Apolo para ver a la hermosa joven. Primero le manda flores. Después le manda una carta preguntándole si la puede ver.

La joven toma las flores y lee la carta. También ella le escribe al Marqués diciéndole que la puede ver, pero delante de su madre.

El Marqués lee la carta de Irene y está muy contento, pues en verdad la ama.

Ya han pasado cinco días. Todas las jóvenes que trabajan en el teatro saben que el Marqués ama a Irene. También los amigos del Marqués saben que éste ama mucho a Irene, pero no saben si Irene ama al Marqués también.

Irene le manda otra carta al Marqués diciéndole que le espera esa noche en su casa a las diez en punto. El Marqués lee la carta y está muy contento. Se pone su mejor traje y sus mejores zapatos y llama un coche. El Marqués llega a las diez en punto a casa de Irene. Allí ve a algunas personas sentadas, y esto no le gusta. Allí hay dos señoras muy viejas, una joven y tres niños. Cuando llega el Marqués todos se levantan para dejarlo pasar. Un niño le pregunta que a quién quiere ver, y el Marqués le dice que a Irene. Por todo esto el Marqués puede ver que la casa donde vive Irene no es muy rica, y que Irene no tiene mucho dinero para vivir.

El Marqués entra en la casa y se detiene delante de la puerta donde vive Irene. Llama y sale la madre de la joven a la puerta y el Marqués entra con ella.

En un cuarto no muy grande encuentra a Irene, que está sentada esperándolo. El Marqués le da la mano y se sienta cerca de ella. La madre de Irene también se sienta cerca de los dos. El Marqués, como ama a Irene, no sabe qué decir y habla del tiempo. Después habla del teatro donde trabaja Irene.

Ella tampoco sabe qué decir porque no lo conoce muy bien. La madre le cuenta al Marqués que Irene tiene que trabajar mucho en el teatro para poder vivir.

El Marqués piensa que ha llegado el momento de hablar con Irene y decirle que la ama, pero en ese momento llaman a la puerta. Irene se levanta y va a ver quién es. Cuando ella sale del cuarto, él se queda solo con la madre.

Cuando Irene entra otra vez en el cuarto, él cree que ha pasado el momento de hablar con Irene para decirle que la ama, y habla de otras cosas. Después de estar allí hasta las doce de la noche, el Marqués le dice a Irene que desea verla otra vez.

Cuando el Marqués sale de la casa de Irene, la madre le dice a la joven:

- El Marqués es un señor muy bueno y muy rico. Me parece que puede ser un buen esposo para ti, pero lo que no me gusta es que tiene un olor muy raro.

Algo le ha quedado a Barac del infierno.

Desde esa noche, el Marqués ve a Irene todos los días. Ahora ama más a la joven, pues ha visto que Irene no es una mujer como él ha creído, sino muy buena. Pero el tiempo vuela para el Marqués; está muy cerca el momento en que tiene que irse al infierno. Y está muy triste porque tiene que irse de la Tierra, aunque sabe que se lleva el alma de aquella joven. Y también está triste porque sabe que el alma de esa mujer tan hermosa y tan buena va a ir al infierno para siempre.

Irene también está un poco triste. Una noche la joven no quiere ir al teatro y se queda en su casa. El Marqués llega a verla porque es la última noche que puede ver a Irene, pues tiene que irse al infierno a las doce en punto. La madre de Irene no está con ellos, porque a ella no le gusta el raro olor del Marqués.

El Marqués ve un reloj que hay en el cuarto donde está con Irene. Faltan diez minutos para las doce; diez minutos más para estar en la Tierra. Irene, que ya ama al Marqués también pues ya lo conoce mejor, le dice:

- Nosotros no podemos ser felices sobre la Tierra. ¿Quieres morir ahora conmigo?

El Marqués ve a Irene y no quiere creer lo que oye. El sabe que Irene tiene que morir a las doce, y ahora ya sólo faltan cinco minutos. Como queda poco tiempo el Marqués dice enseguida:

- Irene, si me amas hasta morir conmigo y por mí, yo también quiero morir ahora mismo cerca de ti y al mismo tiempo.
- Así te amo —dice Irene.

Despúes ella toma dos vasos, pone algo en ellos, y le dice al Marqués:

• Uno para ti; para mí el otro. Si bebemos esto, podemos morir en unos cuantos minutos.

El Marqués toma la mano de Irene y los dos, al mismo tiempo, beben lo que hay en los vasos. Y así mueren los dos.

En ese momento se oyen las doce de la noche en el reloj de la Puerta del Sol. El Marqués de la Parrilla es Barac otra vez y lleva consigo el alma de Irene. Al mismo tiempo, a Barac le parece que lo que lleva en las manos se ríe mucho. Ve otra vez con más cuidado y ve que lo que lleva consigo no es el alma de Irene, sino su gran enemigo, Jeraní. Su enemigo se ha reído de él otra vez delante de todos los diablos del infierno: Jeraní es Irene.

Barac piensa que él nunca puede ser feliz en el infierno, pues Jeraní es la horma de su zapato.

A. Preguntas de comprensión

1. ¿ Por qué Luzbel le permite a Barac salir al mundo?
2. ¿Qué condiciones le impone Luzbel a Barac? ¿Cuál es el plazo?
3. ¿Cómo es Barac en Madrid.
4. ¿Cómo es la personalidad de Irene?
5. ¿Qué no soporta de Barac la madre de Irene?
6. ¿Qué burla recibe Barac al final del cuento?

B. Temas para comentar o escribir

1. Discuta la situación de Barac en el infierno.
2. Discuta la condición que pone Luzbel para que Barac salga al mundo.
3. Discuta el Madrid que encuenta Barac a su regreso a la Tierra.
4. Discuta la profesión de Irene - Menegilda. ¿Qué simboliza?
5. Discuta el noviazgo y suicidio de Irene y el Marqués de la Parrilla.

III. GRAMÁTICA

A. Stem-Changing Verbs

In Spanish some verbs have a "stem-change" in the present tense. Many verbs with "*e*" in the stem change to the dipthong "*ie*" and verbs with "*o*" in the stem change to "*ue*" when conjugated in the present tense. The verb endings follow the same rules when conjugating the verb. The stem change occurs in the first, second, and third person singular and the third person plural only. If you draw a line as to where the stem change occurs, it forms like a boot; this is why these verbs are also called "boot verbs" in the present tense. Examples:

pensar (ie)

pienso	pensamos
piensas	pensáis
piensa	piensan

dormir (ue)

duermo	dormimos
duermes	dormís
duerme	duermen

Common stem-changing verbs are:

pensar (ie) = to think   volver (ue) = to return
querer (ie) = to wish, want   morir (ue) = to die
sentarse (ie) = to sit down   contar (ue) = to tell, to count
despertarse (ie) = to wake up   acostarse (ue) = to go to bed
cerrar (ie) = to close   sentirse (ie) = to feel
dormir (ue) = to sleep

Not all verbs with *e* or *o* in the stem are stem changing verbs.

For example: leer or comer

IV. EXERCICIOS:

1. Fill in with the correct form of the verb:

1. El estudiante _____(volver) temprano.
2. Tú no _____ (pensar) en eso.
3. Marta _____(preferir) trabajar.
4. Los amigos _____(dormir) la siesta.
5. José _____(comenzar) la tarea.
6. Mario _____(negar) decir eso.
7. Yo _____ (sentarse) en el sofá.
8. Ellos _____(acostarse) tarde.
9. Nosotros _____ (contar) el dinero.
10. Miguel y Daniel _____ (empezar) hoy.
11. Marcos y Elena _____ (despertarse) a las 6. 00 AM.
12. Ud. _____ (tener) miedo.
13. Uds. _____(poder) hacerlo.
14. Ellos _____(cerrar) la ventana.
15. Nosotros _____(querer) casarnos.

2. Write the infinitive of each verb:

1. pienso_____
2. vuelven_____
3. cuenta_____
4. muere_____
5. duermo_____
6. prefieren_____
7. quieres_____

    8. cierran_____

    9. almuerzo_____

   10. mientes_____

3. Conjugate the verbs below according to the pronouns:

infinitive	yo	tú	él,ella,Ud.	nosotros	vosotros	ellos,Uds.
cerrar						
pensar						
volver						
almorzar						
preferir						
sentarse						
dormir						
defender						
poder						
comenzar						

4. Match the meaning of Column 'A' with Column 'B':

   1. prefieren_____   **A.** we return

   2. acostarse_____   **B.** they pass away

   3. vuelve_____   **C.** to go to bed

   4. pienso_____   **D.** I sleep

   5. volvemos_____   **E.** they prefer

   6. cierras_____   **F.** he returns

   7. duermo_____   **G.** I think

   8. mueren_____   **H.** you close

   9. pensar_____   **I.** to think

  10. quiere_____   **J.** he wants.

B. Reflexive Verbs

Verbs with "se" attached to the infinative are called reflexive because the action of the verb bounces back to the subject or doer of the sentence. Verbs which are reflexive must use the appropriate reflexive pronoun which must agree with the subject.

    Reflexive pronouns are:

        me = myself

        te = yourself

        se = himself

        nos = ourselves

        os = yourselves

        se = themselves

            herself

            yourself

When conjugating the verb, the reflexive pronoun is placed immediately in front of the conjugated verb.

EXAMPLE:

lavarse

(yo) me lavo
(tú) te lavas
(Ud., él, ella) se lava
(nosotros) nos lavamos
(vosotros) os laváis
(Uds, ellos, ellas) se lavan

Remember, it is not always necessary to use the subject pronoun. If the verb is in the infinitive form the reflexive pronoun is attached to the end of the infinitive. Also, if the verb is in the present progressive form, the reflexive pronoun is attached to the gerund, or placed in front of "estar".

EXAMPLE:

estoy lavándome	estamos lavándonos
estás lavándote	estáis lavándoos
está lavándose	están lavándose

Notice an accent mark is placed on the third vowel from the end.

Also,

me estoy lavando	nos estamos lavando
te estás lavando	os estáis lavando
se está lavando	se están lavando

Common reflexive verbs are:

llamarse = to be called	vestirse = to get dressed
afeitarse = to shave	enojarse = to get angry
lavarse = to wash	acordarse = to remember
levantarse = to get up	bañarse = to take a bath
acostarse = to go to bed	cepillarse = to brush
despertarse = to wake up	ducharse = to take a shower
ponerse = to put on	dolerse = to hurt
quitarse = to take off	sentirse = to feel
recostarse = to recline	probarse = to try on
peinarse = to comb	quedarse = to remain, stay
preocuparse = to worry	sentarse = to sit down
pesarse = to weigh	

5. Use the appropriate reflexive pronoun with each verb:

1. _____lavas
2. _____despierto
3. _____levantamos
4. _____despertamos
5. _____lavan
6. _____llamo
7. _____afeitáis
8. _____pongo
9. _____ acuestan
10. _____ pone
11. _____ peinamos
12. _____ afeita
13. _____ peinamos
14. _____ quitamos
15. _____ quitas
16. _____ prueba

6. Write the correct form of the verb:

1. Yo _____(llamarse) Juan.
2. Tú _____ (preocuparse) demasiado.
3. María y Elena _____ (peinarse) mucho.
4. José y Marta no _____ (levantarse) temprano.
5. Ellos _____ (cepillarse) los dientes.
6. Nosotros _____ (acostarse) tarde.
7. Uds. _____(despertarse) antes de las 10.00 am.
8. Ellos _____ (lavarse).
9. Él _____ (mirarse) en el espejo.
10. Ud. _____ (dormirse) en el sofá.

7. Rewrite the verb placing the appropriate reflexive pronoun in the correct place:

1. llamo_____
2. llamar_____
3. estoy llamando_____
4. sentamos_____
5. sentar_____
6. estoy sentando_____
7. lavan_____
8. lavar_____
9. estás lavando_____
10. despierta_____
11. despertar_____
12. estamos despertando_____
13. pongo_____
14. poner_____
15. están poniendo_____

8. Translate into Spanish:

1. They go to bed at 10.00 PM_____ .
2. We wash ourselves every morning_____ .
3. I wake up at 6.30 AM_____ .
4. You (fam.) get up from the chair_____ .
5. My name is Manuel_____ .

El loco de Sevilla

I. VOCABULARIO

A. Use the Following Words in an Original and Creative Sentence

(Note: Refer to Dictionary Section at end of book. Page 103)

1. manicomio_____
2. licenciado_____
3. parientes_____
4. loco_____
5. estar cuerdo_____
6. capellán_____
7. disparatado_____
8. regalo_____
9. convencido_____
10. la lluvia_____

B. Translate the Following to English

1. decidir_____
2. rogar_____
3. dejar_____
4. gozar_____
5. enviar_____
6. aconsejar_____
7. despedirse_____
8. replicar_____
9. castigar_____
10. disfrutar de_____

II. CUENTO

El loco de Sevilla

de

Miguel de Cervantes

En el manicomio de Sevilla había un licenciado a quien sus parientes habían puesto allí por estar loco. Después de estar allí varios años, el hombre decidió que estaba cuerdo, y le escribió al arzobispo rogándole que le dejara salir del manicomio porque sus parientes lo tenían allí sólo para gozar de una parte de su abundante fortuna.

El arzobispo, después de recibir varias cartas discretas del licenciado, envió a un capellán a conversar con el loco para determinar si estaba completamente cuerdo antes de ponerlo en libertad. Después de hablar un buen rato con el loco, el capellán decidió que el licenciado estaba bien de la cabeza porque en su conversación no le había dicho nada disparatado. En su opinión, el rector del manicomio retenía al licenciado para no dejar de recibir los regalos que le hacían los parientes que deseaban su dinero. Convencido de las malas intenciones del rector y de los parientes, el capellán tomó la decisión de llevarse al licenciado a que el arzobispo lo viera.

Al enterarse de los planes del capellán, el rector le aconsejó pensar bien lo que iba a hacer porque el licenciado no estaba curado, pero el capellán no le hizo caso. Después de vestirse con su ropa de cuerdo, el licenciado le rogó al capellán que le dejara despedirse de los otros locos. Éste consintió, y se acercaron a una jaula que encerraba a un loco furioso:—Hermano, me voy a mi casa. Dios, por su infinita bondad y misericordia, me ha curado de mi locura. Ya que el poder de Dios no tiene límite, tenga confianza en Él para que también le devuelva su juicio. Le mandaré regalos de comida porque creo que nuestra locura resulta de los estómagos vacíos y de los cerebros llenos de aire. Otro loco escuchó estas palabras del licenciado y preguntó quién se iba del manicomio sano y cuerdo. El licenciado curado contestó:—Yo, hermano, me voy porque no tengo que estar aquí más, y por esto le doy muchísimas gracias a Dios.

- ¡Cuidado! Que no le engañe Satanás—respondió el loco.—Quédese aquí para no tener que volver en el futuro.
- Yo estoy cuerdo—replicó el licenciado—y no tendré que regresar jamás.

- ¿Ud. cuerdo?—dijo el loco.—Está bien. Siga con Dios, pero yo le juro a Júpiter, a quien represento en este mundo, que voy a castigar a Sevilla, la cual peca por sacarte de esta casa, de una manera que nunca se olvidará. ¿No te das cuenta, licenciadillo, que soy Júpiter y que tengo en mis manos rayos con que puedo destruir el mundo? Sin embargo, voy a castigar a este pueblo de otra manera; yo no lloveré en esta región durante tres años enteros. ¿Tú libre, tú sano, tú cuerdo, y yo loco, yo enfermo, y yo atado?

Al oír esto, nuestro licenciado se volvió al capellán y le contestó:

- Padre, no le haga caso a este loco que dice que es Júpiter y que se niega a llover. Yo soy Neptuno, el dios de la lluvia, y lloveré todo lo que me dé la gana.
- No sería bueno enojar al señor Júpiter—respondió el capellán.
- Es mejor que Ud. se quede aquí por ahora, y luego, en un momento más oportuno, volveremos por Ud.

El capellán, medio avergonzado, en seguida les mandó desnudar al licenciado y meterlo de nuevo en su celda.

A. Preguntas de comprensión

1. ¿Quiénes habían puesto al licenciado en el manicomio? ¿Por qué?
2. ¿De qué estaba convencido el capellán?
3. ¿Qué decisión tomó el capellán?
4. ¿Qué le aconsejó el Rector?
5. ¿Cómo amenazó a Sevilla el otro loco?
6. ¿Por qué desnudaron al licenciado al final del cuento?

B. Temas para comentar o escribir

1. Discuta los personajes de la obra.
2. Discuta los símbolos mitológicos.
3. Discuta el tema de las relaciones familiares y la locura.
4. Discuta la jerarquía de la administración del hospital.
5. Discuta el tema de la percepción de la locura.

III. GRAMÁTICA

A. The Preterit Tense of Regular Verbs

The preterit tense is a past tense. It conveys an action or state of being which occurred in the past and is over and done with. It is many times explained as a completed past action.

The preterit tense of regular verbs is the stem of the verb and the appropriate verb ending. For *ar* verbs the verb endings are:

é	amos
aste	ásteis
ó	aron

FOR EXAMPLE:

hablar = to speak

hablé	hablamos
hablaste	hablásteis
habló	hablaron

For *er* and *ir* verbs the endings are the same. The *er* and *ir* preterit endings are:

í	imos
iste	ísteis
ió	ieron

FOR EXAMPLE:

comer = to eat

comí	comimos
comiste	comísteis
comió	comieron

And vivir = to live

viví	vivimos
viviste	vivísteis
vivió	vivieron

The Preterit Tense is translated into English by the English verbs ending in *-ed* (look = looked), or with the word "did" in front of the verb (look = did look). Many times the English translation is conveyed by a related word.

An example of this is: "see—saw"; "run — ran".

IV. EXERCISES:

1. Write a subject pronoun:

1. aprendí_____
2. volviste_____
3. cantó_____
4. estudiamos_____
5. trabajaron_____
6. estudió_____
7. bailó_____
8. nadaron_____
9. pronunciaron_____
10. practicó_____

2. Change sentences from the present tense to the preterit tense:

1. Yo bailo bien_____ .

2. Él estudia mucho_____ .

3. Ellos salen de casa temprano_____ .

4. Nosotros hablamos con Pedro_____ .

5. Uds. comen con Juan_____ .

6. Ellos aprenden la lengua _____ .

7. Mario recibe regalos_____ .

8. Josefa escribe carta_____ .

9. Tú cantas bien._____ .

10. Los amigos trabajan por la mañana_____ .

3. Write the appropriate preterit verb form and finish the sentence:

1. Uds.   (volver)_____

2. Nosotros   (practicar) _____

3. Marta   (jugar) _____

4. José   (estudiar) _____

5. Pedro   (recibir) _____

6. Marta   (vivir) _____

7. Los estudiantes   (aprender) _____

8. Ellos   (tocar) _____

9. Tú   (regresar) _____

10. Ella   (comenzar) _____

B. Irregular Preterits

The preterit tense has some verbs which conjugation is irregular. They include: estar (to be), ir (to go), ser (to be), andar (to walk), tener (to have), poner (to put, place), poder (to be able), decir (to say), querer (to wish, want), traer (to bring), ver (to see), venir (to come), and dar (to give).

Infinitive	yo	tú	él, ella, Ud.	nosotros	vosotros	ellos, Uds.
estar:	estuve,	estuviste,	estuvo,	estuvimos,	estuvisteis,	estuvieron
ir and ser:	fui,	fuiste,	fue,	fuimos,	fuisteis,	fueron
andar:	anduve,	anduviste,	anduvo,	anduvimos,	anduvisteis,	anduvieron
tener:	tuve,	tuviste,	tuvo,	tuvimos,	tuvisteis,	tuvieron
poner:	puse,	pusiste,	puso,	pusimos,	pusisteis,	pusieron
poder:	pude,	pudiste,	pudo,	pudimos,	pudisteis,	pudieron
decir:	dije,	dijiste,	dijo,	dijimos,	dijisteis,	dijeron
querer:	quise,	quisiste,	quiso,	quisimos,	quisisteis,	quisieron
traer:	traje,	trajiste,	trajo,	trajimos,	trajisteis,	trajeron
ver:	vi,	viste,	vio,	vimos,	visteis,	vieron
venir:	vine,	viniste,	vino,	vinimos,	vinisteis,	vinieron
dar:	di,	diste,	dio,	dimos,	disteis,	dieron
hacer:	hice,	hiciste,	hizo	hicimos,	hicisteis,	hicieron
conducir:	conduje,	condujiste,	condujo,	condujimos,	condujisteis,	condujeron
traducir:	traduje,	tradujiste,	tradujo,	tradujimos,	tradujisteis,	tradujeron.

The irregularity appears in the stem, but the verb endings follow the same pattern. The pattern to the endings are:

e   imos
iste   isteis
o   ieron

Notice that some of the verbs have a —u stem change; others change to —i. U stem-changing are *estar, tener, andar, saber, poner, traducir, conducir,* and *poder*.

I stem-changing are: *hacer, querer, decir* and *venir*.
Traer, traducir and *conducir* also have a stem change to "*j*".

Note: Stem-changing verbs in the present tense are mostly regular in the preterit tense. There is no stem change to dipthongs *ie* or *ue*.

FOR EXAMPLE:

pensar: yo pienso, but yo pensé
dormir: yo duermo, but yo dormí

4. Write the corresponding subject pronouns and the infinitive form for the following verbs:

	Subject Pronouns	*Infinitive*
1. estuvo	_____	_____
2. dije	_____	_____
3. pusimos	_____	_____
4. pudo	_____	_____
5. vieron	_____	_____
6. sufrimos	_____	_____
7. nació	_____	_____
8. bebió	_____	_____
9. preguntaste	_____	_____
10. pidieron	_____	_____

5. Change each sentence from the present tense to the preterit:

1. Yo tengo 3 libros_____ .
2. Uds. se divierten_____ .
3. José sufre mucho_____ .
4. María estudia por la mañana_____ .
5. Nosotros queremos cantar_____ .
6. Tú puedes hacerlo_____ .
7. Ella sirve la mesa_____ .
8. Los chicos vienen cantando_____ .
9. Los 3 amigos comprenden la tarea_____ .
10. Ellos dicen una mentira_____ .
11. Joaquín vive en Miami_____ .
12. Heidi practica los ejercicios_____ .

La ajorca de oro

I. VOCABULARIO

1. la ajorca = A Moorish bracelet or anklet
2. el vértigo = vertigo
3. la alegría = happiness
4. la tristeza = sadness
5. caprichoso = whimsical
6. la época = age, time period
7. el pensamiento = thought
8. rezar = to pray
9. dirigirse = to go to, to address
10. oprimir = to oppress
11. llorar = to cry
12. el esfuerzo = effort
13. la voz = voice
14. llena de = filled with
15. tal vez = perhaps
16. prestar = to lend

A. USE THE FOLLOWING WORDS IN AN ORIGINAL AND CREATIVE SENTENCE

1. la ajorca_____

2. el vértigo_____

3. la alegría_____

4. la tristeza_____

5. el esfuerzo_____

6. caprichoso_____

7. llena de _____

8. prestar_____

9. llorar_____

10. rezar_____

II. CUENTO

La ajorca de oro

de

Gustavo Adolfo Bécquer

Ella era hermosa, hermosa con esa hermosura que inspira el vértigo; hermosa con esa hermosura que es sobrenatural; hermosura diabólica, que tal vez presta el demonio a algunas mujeres para hacerlas sus instrumentos en la tierra.

Él la amaba: la amaba con ese amor que no conoce límites; la amaba con ese amor en que se busca alegría y sólo se encuentra tristeza.

Ella era caprichosa, caprichosa y extravagante, como todas las mujeres del mundo.

Él, supersticioso, supersticioso y valiente, como todos los hombres de su época.

Ella se llamaba María Antúnez.

Él, Pedro Alfonso de Orellana.

Él la encontró un día llorando y le preguntó:

• ¿Por qué lloras?

Ella se enjugó los ojos, lo miró fijamente, y volvió a llorar.

Pedro entonces, acercándose a María, le tomó una mano y le dijo:

• ¿Por qué lloras?

María, rompiendo al fin su obstinado silencio, dijo a su amante:

• Es una locura que te hará reír. Pero no importa. Te lo diré, puesto que lo deseas.

"Ayer estuve en el templo. Se celebraba la fiesta de la Virgen. Las notas del órgano temblaban por la iglesia, y en el coro de los sacerdotes entonaban el Salve, Regina.

Yo rezaba, absorta en mis pensamientos religiosos, cuando maquinalmente levanté la cabeza y mi vista se dirigió al altar. No sé por qué mis ojos se fijaron en un objeto que hasta entonces no había visto, un objeto que sin poder explicármelo, llamaba toda mi atención.

Aquel objeto era la ajorca de oro que tiene la Madre de Dios en uno de sus brazos en que descansa su divino Hijo. Yo aparté la vista para rezar. ¡Imposible! Mis ojos se volvían involuntariamente al mismo punto.

Salí del templo, vine a casa, pero vine con aquella idea fija en la imaginación. Me acosté para dormir. No pude. Al fin se cerraron mis ojos, y, ¿lo creerás? aún en el sueño veía a una mujer, una mujer hermosa que llevaba la ajorca de oro, una mujer sí, porque ya no era la Virgen que yo adoro, era otra mujer como yo, que me miraba y se reía de mí. Pedro, con un movimiento convulsivo, oprimió el puño de su espada, levantó la cabeza, y dijo con voz sorda:

- ¿Qué Virgen tiene la ajorca?
- La Virgen del Sagrario— murmuró María.
- ¡La Virgen del Sagrario! —repitió el joven con acento de terror.

Y en sus facciones se retrató un instante el estado de su alma, espantada de una idea.

- ¡Ah! ¿Por qué no la posee otra Virgen? —prosiguió con acento enérgico, ¿Por qué no la tiene el arzobispo en su mitra? Yo la arrancaría para ti, aunque me costase la vida. Pero a la Virgen del Sagrario, a nuestra Santa Patrona . . . yo que he nacido en Toledo, ¡imposible! ¡imposible!
- ¡Nunca! —murmuró María con voz casi imperceptible—, ¡Nunca! Y ella siguió llorando.

¡La catedral de Toledo! Un bosque de gigantes palmeras de granito que al entrelazar sus ramas forman una bóveda colosal y magnífica, bajo la que vive toda una creación de seres imaginarios y vivos. Un caos incomprensible de sombra y luz; un mundo de piedra, inmenso y obscuro.

El mismo día en que tuvo lugar la escena entre María y Pedro, se celebraba en la catedral de Toledo el último día de la magnífica fiesta de la Virgen.

La fiesta religiosa había traído a ella una inmensa multitud; pero ya ésta se había dispersado en todas direcciones; ya se habían apagado las luces de las capillas y del altar mayor, y las colosales puertas del templo se habían cerrado detrás del último toledano, cuando de entre las sombras, tan pálido como las estatuas de las tumbas, se adelantó un hombre.

Era Pedro. Estaba allí para llevar a cabo su criminal propósito. La catedral estaba sola, completamente sola y sumergida en un silencio profundo.

Sin embargo, de cuando en cuando se oían rumores confusos, ya cerca, ya lejos, ya a sus espaldas, ya a su lado mismo. Sonaban como sollozos, como rumor de pasos.

Pedro hizo un esfuerzo para seguir en su camino, llegó a la verja, y subió la primera grada de la capilla mayor. Alrededor de esta capilla están las tumbas de los reyes, cuyas imágenes de piedra parecen velar noche y día.

- ¡Adelante! —murmuró en voz baja, y quiso andar y no pudo. Parecía que sus pies se habían clavado en el pavimento.

Por un momento creyó que una mano fría le sujetaba en aquel punto con una fuerza invencible. Las moribundas lámparas, que brillaban en el fondo de las naves como estrellas perdidas entre las sombras, oscilaron a su vista y oscilaron las estatuas de los sepulcros y las imágenes del altar.

- ¡Adelante! —volvió a exclamar Pedro, y se acercó al altar. Cerró los ojos, extendió la mano con un movimiento convulsivo y arrancó a la Virgen la ajorca de oro.

Sus dedos la oprimían con una fuerza sobrenatural, sólo restaba huir, huir con ella. Pero para esto era preciso abrir los ojos, y Pedro tenía miedo, miedo de ver la imagen, los reyes de las tumbas.

Al fin abrió los ojos, y un grito agudo se escapó de sus labios.

La catedral estaba llena de estatuas, estatuas que habían descendido de sus nichos, y ocupaban toda la iglesia, y le miraban con sus ojos sin pupila.

Pedro no pudo resistir más. Una nube de sangre obscureció sus ojos, arrojó un segundo grito, y cayó desvanecido al suelo.

Cuando al otro día los dependientes de la iglesia le encontraron al pie del altar, tenía aún la ajorca de oro entre sus manos, y al verlos acercarse, exclamó con una estridente carcajada:

- ¡Suya! ¡Suya!

El infeliz estaba loco.

A. Preguntas de comprensión

1. ¿Cómo era María? ¿Qué capricho tenía?
2. ¿Cómo era Pedro? ¿Qué sentía Pedro por María?
3. ¿Qué decidió hacer Pedro?
4. ¿Cómo veía María a la Virgen.
5. ¿Se roba Pedro la ajorca de oro? Explique.
6. ¿Cómo encontraron a Pedro al día siguiente?

B. Temas para comentar o escribir

1. Describa la catedral de Toledo.
2. Describa la ajorca de oro.
3. Discuta la visión que tiene María de la Virgen.
4. Describa la fiesta religiosa del día de la Virgen del Sagrario.
5. Describa la visión que tuvo Pedro al querer robar a la Virgen.

III. GRAMÁTICA

A. The Imperfect Tense:

The "imperfect" is also a past tense verb. It conveys the idea that the action occured continuously and repeatedly in the past. It is also used to describe something in the past or to tell time. The imperfect verb endings are attached to the stem of the verb. They are for *ar* verbs:

ar

-aba	-ábamos
-abas	-ábais
-aba	-aban

They also have same endings for —*er* and —*ir* verbs. The verb endings are:

-er and ir:

-ía	-íamos
-ías	-íais
-ía	-ían

Examples are:

hablar

-hablaba	-hablábamos
-hablabas	-hablábais
-hablaba	-hablaban

comer

-comía	-comíamos
-comías	-comíais
-comía	-comían

vivir

-vivía	-vivíamos
-vivías	-vivíais
-vivía	-vivían

There are only three verbs that are irregular in the imperfect tense: *ser, ir and ver*. Their conjugation follows:

ser

-era	-éramos
-eras	-erais
-era	-eran

ir

-iba	-íbamos
-ibas	-ibais
-iba	-iban

ver

veía	-veíamos
veías	-veías
veía	-veían

Many times the imperfect is describing a repeated past continuous verb. It is translated by "*used to*" or "*was + verb(ing)*". For example: I used to speak, I was speaking, etc. These verb phrases convey the idea that the action was repeated or continuous in the past. For describing something or someone it would be, for example: "La chica era bonita". As for telling time: "Era la una" and "Eran las dos".

IV. EXERCISES

1. Change from the preterit tense to the imperfect:

1. Tú bailaste con los muchachos_____ .
2. Yo estudié por la tarde_____ .
3. Ellas bebieron cerveza_____ .
4. Nosotros vivimos en California_____ .
5. Elena aprendió mucho_____ .
6. Ellos tuvieron suerte_____ .
7. Él estuvo en casa_____ .
8. Los niños vendieron dulces_____ .
9. Yo comí tarde_____ .
10. Ud. vio la película_____ .

2. Write the correct verb forms in the imperfect, and then translate into English below:

1. Yo _____ (caminar)
2. Tú _____ (llegar)
3. Él _____ (venir)
4. Ella _____ (regresar)
5. Usted _____ (preferir)
6. Nosotros _____ (escoger)
7. Ellas _____ (cocinar)
8. Ellos _____ (trabajar)
9. Ustedes _____ (divertirse)
10. Los gatos _____ (cortar)
11. Diego _____ (escribir)
12. David _____ (estudiar)

1. _____
2. _____
3. _____
4. _____
5. _____
6. _____
7. _____
8. _____
9. _____
10. _____
11. _____
12. _____

B. Preterit vs. Imperfect Tenses

The preterit and the imperfect are two past tenses. As presented in chapter 4, the preterit is used for occurences that began and were completed in the past. This is called "completed past action".

The imperfect tense conveys actions which are continuous or repetitive in the past. This is called repeated or continuous past action. Another use for the imperfect is to describe something in the past. Example: "Las rosas eran muy bonitas". The imperfect is also used for an action which was going on but was interrupted by the preterit past tense. Example: "Yo leía el periódico cuando Luis entró en la casa".

3. Write the correct verb tense in the preterit or imperfect:

1. La comida _____(ser) exquisita.
2. Mamá _____ (planchar) la camisa cuando su programa favorito _____(comenzar) en la televisión.
3. Marta _____(arreglar) la ropa cuando Ernesto entró.
4. Todos los ciudadanos _____(votar) por él ayer.
5. Ellos _____(ir) al cine anoche.
6. Los empleados _____(arreglar) a menudo bien la ropa.
7. Jorge no _____(entrar) nunca en casa con el sombrero puesto.
8. Carmen no _____(saber) aprovechar esa oportunidad.
9. Todos los estudiantes _____(salir) a la calle esta mañana.
10. Uds. _____(comer) bien en ese restaurante siempre.

4. Use preterit or imperfect:

1. José _____(levantarse) tarde el verano pasado.
2. Mario _____(cenar) frecuentemente a las 6.00 PM.
3. María _____(regresar) a casa temprano ayer.
4. Soledad _____(lavarse) temprano la cara cada mañana.
5. Anoche _____(llover) muchísimo.
6. La semana pasada el niño no _____(ir) a la escuela.
7. Ayer _____(bailar) en casa de Pepe.
8. Muchas veces yo _____(ver) películas extranjeras.
9. El otro día nosotros no _____(reconocer) a Mina.
10. Todos los veranos ellos _____(nadar) en la playa.
11. Mamá _____(preparar) la cena cuando el teléfono _____(sonar).
12. Yo _____(asistir) a la escuela pública de pequeña.
13. Paco siempre _____(hacer) muchas preguntas.
14. Elio nunca _____(llegar) a saber la verdad.
15. _____(Haber) un partido de fútbol anoche a las 8.00 PM.

C. Idiomatic Uses of "Ser', "Estar", "Tener" and "Hacer":

The following is a chart of when you use "ser", "estar", "tener" and "hacer".

"Ser" and "estar" are literally the verb "to be" in English.

"Tener" and "hacer" are respectively translated as "to have" and "to do" or "to make". Sometimes "tener" and "hacer" are also translated as "to be".

"Tener" is used as a form of "to be" when talking about age, and also when used with the following expressions: "tener sed", or "tener hambre", or "tener prisa", "sueño", "éxito", "razón", "miedo", and "cuidado".

"Hacer" is translated as "to be" when discussing climate or weather. Some examples are:

Tenemos sueño y tú tienes sed = We're hungry and you're thisty
Today is cold and windy = Hoy hace frío y viento

Ser	Estar	Tener	Hacer
1. description	temporary condition	"have to" obligation	climate and weather
2. origin	health	age	
3. time of day	location	possession	
4. permanent characteristic	progressive from	some expressions	

5. Fill in with the present, preterit or imperfect as needed:

1. _____(Hacer) calor en el verano.
2. Juan _____(tener) 21 años.
3. _____(Ser) las diez cuando la clase comenzó.
4. Miguel _____(tener) que trabajar hoy.
5. El libro _____(estar) en la mesa.
6. Ayer _____(hacer) fresco.
7. María _____(tener) mucha razón.

8. _____(Ser) las dos de la tarde cuando Marta entró.

9. El café ya _____(estar) caliente.

10. Es importante _____(tener) amigos.

11. La chica _____(ser) rubia y alta.

12. Mi amigo _____(tener) cuidado.

13. Por lo general, _____(hacer) buen tiempo durante el verano.

14. Ellos _____(ser) del Perú.

15. Nosotros _____(estar) cansados.

D. Saber vs. Conocer

"Saber and conocer" both mean to know, but they have distinct uses. "Saber" is used to know a fact or to know how to do something. Two examples are:

> Ellos saben que Madrid es la capital de España.
> Pedro sabe construir casas.

"Conocer" is used in the sense of being acquainted with someone or something, to know a person or a geographical location. Examples are:

> Conozco al cartero
> No conocen la ciudad
> Conocemos el baile "Salsa"

Both "saber and conocer" have spelling changes in the "yo" form of the present indicative tense only:

saber			*conocer*	
*sé	sabemos		*conozco	conocemos
sabes	sabéis		conoces	conocéis
sabe	saben		conoce	conocen

6. Use the correct form of "saber" and "conocer" in the following sentences:

1. Yo no _____ a María.

2. Él _____ donde ella vive.

3. ?_____ a Juan?

4. Ud. no _____ la lección.

5. Tú _____ la verdad.

6. Ella no _____ jugar al tenis.

7. Nosotros_____ cocinar.

8. Ellas _____ Madrid bien.

9. Uds. _____ el campo.

10. Yo lo _____ de memoria.

11. Él _____ la verdad.

12. Yo _____ las islas Galápagos.

13. ?_____ tú bailar la "Salsa"?

14. Ellos no _____ a los profesores.

15. Ellas _____ bien la lección.

Parrón

I. VOCABULARIO

1. el despacho = office
2. buscar = to look for
3. el bandido = bandit
4. asesinar = to kill
5. las señas = characteristics
6. el gitano = gypsy
7. ofrecer = to offer

8. matar = to kill
9. crecer = to grow
10. las rodillas = knees
11. tener la suerte = to be lucky
12. el árbol = tree
13. oir = to hear
14. traer = to bring

15. deber = ought to, must
16. vigilar = to watch
17. correr = to run
18. el dinero = money
19. tener el éxito = to be successful
20. de repente = suddenly

A. MATCH THE FOLLOWING WORDS WITH EITHER A SYNONYM, AN ANTONYM OR A RELATED WORD IN THE VOCABULARY LIST

1. hallar_____

2. detener_____

3. estar de mal humor_____

4. la flor_____

5. andar_____

6. despacio_____

7. honesto_____

8. la descripción_____

9. la oficina_____

10. tomar_____

11. descansar_____

12. fusilar_____

13. tener mala suerte_____

14. la gitanilla_____

15. matar_____

16. destrozar_____

17. la plata_____

18. dejar solo_____

19. los codos_____

20. ser sordo_____

21. es necesario_____

II. CUENTO

Parrón

de

Pedro Antonio de Alarcón

El Excelentísimo Sr. D. Eugenio Portocarrero, conde del Montijo y Capitán General de Granada, sentado en su despacho, estaba aquel día de mal humor. Hacía tres años que él y su compañía de guardias civiles buscaban al famoso bandido Parrón, monstruo feroz que asesinaba a todos los que caían en su poder. Hasta aquel día no tenían ni las señas de su persona. Si alguien le había visto, no había quedado con vida para contar su desgracia.

En aquel momento se abrió la puerta, y penetró un guardia seguido de un gitano flaco. Éste, después de muchas reverencias, dijo con calma:

• Vengo a darte las señas de Parrón, y a recibir los mil reales que has ofrecido.

El señor capitán se puso de pie de un salto.

• ¿Cómo?
• Que he conocido a Parrón y vengo a darte sus señas.
• ¿Tú conoces a Parrón? ¿Sabes lo que dices? ¿Ignoras que es el bandido más feroz de estas sierras?

El gitano se rió.

Ayer por la tarde caímos mi burro y yo en poder de unos ladrones. Me llevaron a su campamento y allí quedé hasta la noche. Durante todo el camino pensaba yo: ¿serán éstos los bandidos de Parrón? Si lo son, me matan, porque ese maldito asesina a todos los que le han visto la cara. Mi terror iba creciendo. Llegada la noche, se presentó un hombre vestido con mucho lujo, y sonriendo con gracia me dijo:

- ¡Yo soy Parrón!
- Al oír esto me puse de rodillas temblando y exclamé: ¡Bendita sea tu alma, rey de los hombres! Yo soy amigo tuyo. ¿Quieres que te diga la suerte? ¿Quieres que te enseñe a cambiar burros muertos por burros vivos? ¿Quieres que le enseñe francés a una mula?
- ¿Y qué respondió Parrón a todo eso?
- Pues, se rió, señor capitán.
- ¿Y tú?
- Le tomé la mano para decirle la suerte.
- ¿Y qué le dijiste?
- Empecé a gritar y dejé caer la mano. Entonces le dije:
- Aunque me quites la vida, Parrón, no puedo cambiar la suerte que veo en tu mano. Morirás ahorcado.
- Ya lo sé — respondió el bandido con toda tranquilidad.
- Dime cuándo.
- Me puse a calcular. Si me perdona la vida podré ir a Granada en un día a informar a los guardias. Seguramente en menos de un mes le habrán ahorcado.
- El mes que viene — respondí.
- Parrón pensó por un momento. — Bueno — dijo. — Vas a quedarte aquí. Si no me ahorcan en un mes, te ahorco yo a ti. Diciendo esto, se fué por entre unos árboles.
- Ya comprendo — dijo el Capitán General. — Parrón ha muerto y tú has quedado libre.
- Al contrario, mi capitán. Parrón vive. Tú no lo has oído todo. Al día siguiente, trajeron los bandidos a un campesino a quien le habían robado veinte duros. El pobre lloraba y gritaba tanto que los bandidos le dejaron marcharse. Media hora más tarde volvió con Parrón, quien le había encontrado en el camino dando gritos. - ¡Imbéciles! — dijo Parrón. — Dadle a ese pobre su dinero. ¿No oís lo que dice? ¡Tiene mujer e hijos!
- Los bandidos, bastante sorprendidos, le entregaron al hombre los veinte duros.
Éste, después de dar las gracias, empezó a caminar. No había caminado más de veinte pasos cuando Parrón le decargó dos tiros. El pobre hombre cayó muerto. — Ahora podéis robarle — dijo Parrón. - ¡Sois unos imbéciles!
- ¡Qué bruto!—exclamó el capitán. — y tú ¿qué tienes que ver con todo esto?
- Verás. El bandido que debía vigilarme corrió a recibir su parte del dinero robado y durante la confusion, desaparecí como sólo un gitano puede desaparecer. Y estoy aquí para darte las señas.

Pasaron quince días. El Excelentísimo Sr. D. Eugenio Portocarrero había buscado al bandido Parrón por todas partes sin éxito alguno. Una mañana daba órdenes a su compañía frente a una multitud de curiosos que presenciaban el espectáculo. El gitano que había dado las señas se puso a mirar también. De repente, fijó los ojos en uno de los guardias, un tal Manuel, y echó a correr con toda la fuerza de sus piernas. Manuel levantó el fusil y disparó. Pero otro guardia tuvo tiempo de cambiar la dirección del arma al momento de disparar.

- ¡Está loco! ¡Manuel está loco! — dijeron varios.

Entretanto trajeron al gitano, quien decía a toda voz:

- ¡Quiero ver al capitán! ¡No quiero que me mate Parrón!
- ¿Estás loco también? ¿Qué dices?
- Venid, venid conmigo.

Y mostrando a Manuel, dijo:

- Ése, ése es Parrón.
- ¡Parrón! ¡Un guardia civil era Parrón! — exclamaron muchas voces.

A la semana siguiente Parrón fué ahorcado. Así se cumplió la profecía del gitano. Recibió éste los mil reales y se marchó por el camino real.

A. Preguntas de comprensión

1. ¿Qué le preocupaba a D. Eugenio Portocarrero?
2. ¿Cómo eran las señas de Parrón?
3. ¿Cómo había conocido el gitano a Parrón?
4. ¿Qué le ofrece el gitano a Parrón?
5. ¿Qué le pronostica el gitano a Parrón?
6. ¿Quién era verdaderamente Parrón?

B. Temas para comentar o escribir

1. Discuta la vida de los bandidos en la montaña.
2. Explique por qué Parrón mata.
3. ¿Por qué Parrón mata al campesino? ¿Por qué no lo asesinó antes?
4. Discuta lo que predice el Gitano.
5. Discuta las dos vidas de Parrón.

III. GRAMÁTICA

A. All Pronouns

Here is a review of all pronouns used in Spanish:

A1. Subject Pronouns

Yo

Tú

Él, ella, Ud.

Nosotros, as

Vosotros, as

Ellos, Ellas, Uds.

A2. Possessive Pronouns

el mío, la mía
los míos, las mías
el tuyo, la tuya
los tuyos, las tuyas
el suyo, la suya
los suyos, las suyas
el nuestro, la nuestra
los nuestros, las nuestras
el vuestro, la vuestra
los vuestros, las vuestras
el suyo, la suya
los suyos, las suyas

A3. Reflexive Pronouns

me   nos

A4. Demonstrative Pronouns

éste, ésta
éstos, éstas

te	os	ése, ésa
		ésos, ésas
se	se	aquél, aquélla
		aquéllos, aquéllas

A5. Direct Object Pronouns

me
te
lo, la
nos
os
los, las

A6. Indirect Object Pronouns

me
te
le
nos
os
les

A7. Prepositional Pronouns

mí
ti
él, ella, Ud.

nosotros, as
vosotros, as
ellos, ellas, Uds.

(*) Exceptions; conmigo, contigo, consigo

Pronouns are used to replace nouns. Example: "This book = this (one)" Pronouns are generally placed before the conjugated verb in any tense or negative command. They are attached to the verb when it is in the infinitive, positive command or gerund. Example:

Me/lavar

Me lavo.	Me lavé	Me lavaba
No me lave Ud.		
Me quiero lavar		
Me estoy lavando		

But:

Lavarse
Quiero lavarme
Láveme Ud.
Estoy lavándome

For possessive and demonstrative pronouns the pronoun agrees in number and gender with the object being replaced. Prepositional pronouns are used with prepositions. They are many times referred to as "object" of the preposition. Here is a list of prepositions and prepositional phrases:

B. Prepositions

Here are the Spanish prepositions:

a = to	entre = in between
al = upon	hasta = until
ante = before	hacia = towards
bajo = under	para = for, to

con = with

contra = against

de = of

desde = from

en = in

por = for, by

según = accordingly

sin = without

sobre = on top of

tras = behind

Here are some Spanish prepositional phrases:

antes de = before

cerca de = near

delante de = in front of

dentro de = inside of

después de = after

detrás de = behind

encima de = on top of

conmigo = with me

contigo = with you

consigo = with himself, herself, yourself, themselves

Remember that while in English it is o.k. to use the gerund or —ing form after a preposition (For example; "by changing", 'while driving', 'without seeing') in Spanish it can NOT de done. Instead, the infinitive must ALWAYS be used:

para comer

al ver

antes de estudiar

en leer

For possessive pronouns the definite article is used but not after ser or any of its forms. It agrees with the object, not the person speaking. Example: His ball = Su pelota or La suya.

Demonstrative pronouns are basically the same as demonstrative adjectives, but with a written accent over the 1st "*e*".

IV. EXERCISES

1. Fill in with the correct subject pronoun:

1. _____ estudiamos mucho por la tarde.
2. _____ hablas bien el francés.
3. (He)_____ trabaja en el supermercado.
4. _____ camino por la mañana.
5. _____ corremos juntos.
6. (She)_____ canta bien.
7. (You)_____ sabe bailar.
8. (You)_____ practican todos los deportes.
9. (They)_____ preparan todos los ejercicios.
10. _____ escribes la tarea.

Note: The definite article is not used after "ser" or any of its conjugations.

2. Fill in with the correct possessive pronoun:

1. Éste es mi libro; no es _____(yours).
2. Éstos son mis libros; no son _____(his).
3. (Mine)_____ es verde; _____(yours) es rojo.
4. Las plumas son _____(hers); no son____(ours).

5. Las maletas son _____(theirs).
6. La cámara es _____(yours, fam.).
7. Los libros no son _____(yours); son del profesor.
8. Éste es _____(mine). ¡No lo toques!
9. Ésta no es _____(mine); it's _____ (yours).
10. Estos son _____(mine) y _____(yours).

3. Translate the demonstrative pronouns:

1. (This)_____ es tu casa, ¿verdad?
2. (These)_____ son tus bolígrafos.
3. (Those)_____ son tus amigos.
4. (That) _____ no es tu novia.
5. (That one over there)_____ es el Centro de Estudiantes.
6. (Those far away)_____ son tus libros.
7. (This) _____ no es tu clase.
8. (These)_____ no son tus cuadernos.
9. ¿Son _____(these) tus anteojos?
10. ¡That) _____ es un helado delicioso!

4. Fill in with words in Spanish:

1. Voy _____(with you).
2. Él viaja _____ (with her).
3. ¿Vienes _____ (with me)?
4. Hablan _____(about you).
5. Lo trajo _____(for me).
6. Él _____ve (me).
7. Ellos _____ escuchan (to him).
8. Ellos quieren _____ (bañarse).
9. Yo _____ veo (them).
10. José _____ (afeitarse) por la mañana.
11. Las niñas _____(acostarse) tarde.
12. Marta _____entrega (to her) las llaves.
13. Lo hago _____ (for you).
14. Ella _____ (levantarse) a las 8.00 AM.
15. Yo _____ hago (them) también.

5. Fill in with correct prepositional pronoun:

1. Yo lo hago por _____(you, fam.).
2. Ellos vienen con _____(you, sing.).
3. La maleta está encima de _____(it, masc.).
4. Yo juré la verdad _____ (before) Dios.
5. El libro está sobre _____ (it, fem,.).
6. Según _____(you, pl.), eso no es así.
7. Ellos lo trajeron para _____ (you, pl.).
8. Entre _____(us) no hay secretos.
9. Ellos caminan hacia_____ (you, fam.).
10. Esto no es para _____(me).

6. Rewrite using direct object pronouns:

1. ¡Deja verlos!_____(me)
2. Yo no quiero ver_____(los)
3. Él ve todos los días_____(nos)
4. Nosotros damos el libro_____(te).
5. María tiene aquí_____(los).
6. Jorge no estudia_____ (los).
7. Ellos desean escribir_____(me).
8. No comas ahora_____(los).
9. No beba Ud. de prisa_____(la).
10. Nosotros recibimos en las Navidades _____ (los).

7. Change the underlined noun to pronoun:

1. Doy el documento a Juan _____ .
2. Ven a Alicia _____ .
3. Dije a José _____ .
4. No grites a los chicos _____ .
5. Busca a las amigas en el estadio_____ .
6. Escribe a sus padres una vez por mes_____ .
7. El empleado dice la verdad a los clientes _____ .
8. Ellos traen los regalos a nosotros _____ .
9. José describe la factura a los comensales _____ .
10. La azafata sirve la comida a los pasajeros _____ .

C. Double Object Pronouns

When there are two object pronouns in a sentence (one being a direct and one being indirect), the indirect object pronoun precedes the direct object pronoun. These are called double object pronouns.

The placement of double object pronouns with verbs follow the same rules as the simple object pronoun, except after infinitive and gerund, where the indirect object pronoun and the direct object pronoun are usually attached to the end of those verbs.

For example:

Yo se lo doy
Es necesario dárselo
Estoy dándoselo (Also: Se lo estoy dando)
Démelo Ud.

The direct object pronoun usually refers to things while the indirect object pronoun only refers to people.

In placing the correct order for the double object pronoun remember that people always come before things.

For example:

Él *me lo* da (He gives it to me)
   I D

If the sentence is negative place "no" always in front of both pronouns:

Ellos no me lo dieron jamás

When two pronouns start the letter "l", for instance "le lo(s), "le la(s)", "les lo(s)", and "les la(s)", the indirect object pronoun ("le" or "les") automatically changes to "se" for phonetic reasons.

For example: "Yo (le) lo doy" always change to "Yo *se* lo doy".

8. Change all object nouns into pronouns:

1. El mozo les da la cuenta a los muchachos.

_____

2. José les dice la verdad a sus amigos.

_____

3. Yo les entrego las llaves.

_____

4. El cartero me da las cartas.

_____

5. La profesora te explica la lección.

_____

6. ¡Deme el libro!

_____

7. Ellos están entregándote la tarea.

_____

8. ¡No les digas mentiras jamás!

_____

9. El conductor les pone las maletas en el baúl.

_____

10. ¡Tráigame Ud. la tarea inmediatamente!

_____

D. Commands

D1. Ud. or Polite Commands

Since there are two ways of saying "you" (tú and Usted), there are also two ways of expressing a command to a person. The stem of the Ud. or Uds. command comes from the first person singular of the present tense, indicative mood. For -ar ending verbs the command endings are -e or -en. For -er and -ir verbs the command endings are -a or -an.

EXAMPLE:

tomar
Yo tomo = 1st person present indicative
Tome Ud. = Take
Tomen Uds. = Take

salir
Yo salgo = 1st person present indicative
Salga Ud. = Leave
Salgan Uds. = leave

To make a command negative simply put "No" before the verb:

EXAMPLE:

No tome Ud. = Do not take
No tomen Uds. = Do not take
No salga Ud. = Do not leave
No salgan Uds. = Do not leave

There are 5 irregular command forms. The are:

Dar (to give): Dé Ud.
Ser (to be): Sea Ud.
Estar (to be): Esté Ud.
Ir (to go): Vaya Ud.
Saber (to know): Sepa Ud.

9. Translate to English:

1. Tome Ud. cerveza_____.
2. No coma Ud. mucho_____.
3. Trabajen Uds. con ellos_____.
4. Estudie Ud. por la mañana_____.
5. Hable Ud. despacio_____.
6. No practique Ud. _____.
7. Traiga Ud. el libro_____.
8. Salga Ud. de casa temprano_____.
9. No ponga Ud. la radio tan alto_____.
10. Prepare Ud. la comida_____.
11. Vengan Uds. hoy_____.
12. Diga la verdad siempre_____.
13. Ponga la televisión_____.
14. ¡Tenga mucho cuidado!_____.
15. Pronuncie bien las palabras_____.

10. Write the correct form of commands:

1. (Trabajar; Ud.)_____
2. (Estudiar; Ud.)_____
3. (Caminar; Uds.)_____
4. (Leer; Uds.)_____
5. (No creer; Ud.)_____
6. (Ir; Uds.)_____
7. (Hacer; Uds.)_____
8. (Venir; Uds.)_____
9. (Recibir; Ud.)_____
10. (Escribir; Uds.)_____
11. (Ayudar; Uds.)_____
12. (No devolver; Ud.)_____
13. (Aprender; Ud.)_____

14. (No cantar; Ud.)_____

15. (No mirar; Uds.)_____

D2. Tú or Familiar Commands

The "tú command" is used when talking to a friend or a juvenile. The affirmative "tú command" is formed from the 3rd person singular of the present tense, indicative mood. Example: "come", "toma", "escribe". Also, there are eight "tú" commands which are irregular. They are:

salir = sal
poner = pon
decir = di
tener = ten
venir = ven
ir = ve
hacer = haz
ser = sé

The negative "tú" commands stem from the 1st person singular of the present tense, just like with "Ud." commands. The ending is the opposite vowel normally associated with each verb plus the letter "s".

EXAMPLE:

No hables
No comas
No escribas

D3. Pronouns with Commands

With affirmative commands, pronouns are attached to the end of the command.

EXAMPLE; cómpre*selo*

With negative commands the pronouns are placed in front of the command.

EXAMPLE: No *se lo* compre

Notice that the indirect object pronoun always precedes the direct object pronoun. Remember: people always before things.

11. Change to the negative:

1. Dámelo_____

2. Pónsela_____

3. Házselo_____

4. Tráemela_____

5. Dígaselo_____

6. Búscamela_____

7. Cómetela_____

8. Escríbesela_____

9. Míralo_____

10. Ayúdame_____

12. Change to the affirmative:

1. No se la enseñe_____ .
2. No me lo dé_____ .
3. No nos lo pongas_____ .
4. No se lo haga_____ .
5. No se las devuelva_____ .
6. No se lo digas_____ .
7. No te lo comas_____ .
8. No me lo vendas_____ .
9. No nos lo compra_____ .
10. No se lo traiga_____ .

13. Change to the affirmative or negative as needed:

1. No me lo diga Ud._____
2. Dígaselo_____
3. No me hables_____
4. Tráemelo_____
5. Prepáranosla_____
6. Cómpremelo_____
7. No me escriba_____
8. No lo arreglen Uds._____
9. Hazlo_____
10. Hágamelo_____
11. Tráiganosla_____
12. Póngaselo_____
13. Déjelo Ud._____
14. Siéntese Ud._____
15. Véndaselo_____

La mujer del arquitecto

I. VOCABULARIO. FIND THE SPANISH COGNATES TO THE FOLLOWING ENGLISH WORDS:

1. octagon
2. sequential
3. unique
4. impede
5. nocturnal
6. arbor
7. solar
8. annual
9. edify
10. ancient
11. juvenile
12. theory
13. poverty
14. manual
15. primary

a. árbol_____
b. anciano_____
c. teoría_____
d. noche _____
e. mano_____
f. edificar_____
g. ocho_____
h. sol_____
i. primer_____
j. impedir_____
k. único_____
l. secuencia_____
m. año_____
n. joven_____
o. pobre_____

II. CUENTO

La mujer del arquitecto

de

Antonio de Trueba

I

Si fuera permitido añadir una Bienaventuranza a las ocho del Nuevo Testamento, yo añadiría lo siguiente: "Bienaventurados los que se casan con mujer prudente, que de ellos será la felicidad doméstica". Y si fuera permitido ilustrar las Bienaventuranzas con notas históricas, yo pondría a la novena la siguiente.

Hacia la mitad del siglo XIV, don Enrique de Trastamara sitiaba a Toledo, fiel al rey don Pedro, que se defendía con gran valor. Los toledanos habían atravesado muchas veces el magnífico puente de San Martín, único paso directo a los Cigarrales, para lanzarse sobre el real de don Enrique, establecido en ellos. Para impedir la repetición de tales salidas, don Enrique determinó destruir el puente. Era éste una de las cosas más preciosas y más útiles que poseía la ciudad, pero ¿qué valor tienen los monumentos artísticos o históricos a los ojos del que sueña con hundir la espada en el corazón de un hermano para sentarse en el trono que éste ocupa?

Sabido es que los Cigarrales de Toledo encierran lindas casas de recreo, jardines y huertos llenos de hermosos árboles frutales, entre los que se distinguen por excelencia de su fruto los albaricoqueros. Una noche los árboles de los Cigarrales fueron cortados y amontonados sobre el puente de San Martín. Ya se acercaba el día, cuando una vivísima luz alumbró las aguas del Tajo y los huertos devastados. Una inmensa hoguera ardía sobre el puente. Los toledanos, despertados por aquella siniestra luz, corrieron a salvarlo, pero corrieron en vano. Un espantoso crujido les advirtió que el puente ya no existía.

¡Así era en efecto! Cuando el sol vino a dorar las torres de la ciudad, las muchachas toledanas, que bajaban al río a llenar sus cántaros de agua fresca y cristalina, volvían con los cántaros vacíos y el alma indignada y triste, porque la corriente del Tajo andaba turbia, arrastrando en sus furiosos remolinos las ruinas del puente de San Martín.

II

Habían pasado muchos años desde que fue destruido el puente. Reyes y arzobispos habían demostrado gran interés en verlo reemplazado por otro igualmente sólido y hermoso, pero los mejores arquitectos no habían conseguido construir ninguno; la rápida corriente del río arrastraba andamiaje y cimbra antes que los enormes arcos fuesen terminados. Don Pedro Tenorio, uno de los grandes arzobispos, a quien debe Toledo casi tanto como a sus reyes, echó pregones por todas las ciudades de España, cristianas y árabes, llamando arquitectos capaces de reedificar el puente de San Martín.

No lo hizo en vano. Un día un hombre y una mujer, completamente desconocidos, penetraron en Toledo y, después de examinar las ruinas del puente, alquilaron una casa no muy lejos de ellas. Pasadas pocas horas, el hombre se dirigió al palacio del arzobispo.

La alegría de éste fue grande cuando uno de sus criados le anunció que un arquitecto, llegado de tierras lejanas, solicitaba el honor de aparecer en su presencia. Se apresuró a darle audiencia, y después de devolverle bondadosamente el saludo, le ofreció un asiento frente al suyo.

El forastero era joven aún, pero la meditación, y tal vez las desgracias, le habían hecho anciano, o poco menos.

- Señor,—le dijo al arzobispo—mi nombre, que debe seros desconocido, es Juan de Arévalo; de profesión soy arquitecto.
- ¿Os trae, por casualidad, el pregón que eché por toda España llamando maestros bastante hábiles para reedificar el puente de San Martín?
- Ese pregón me trae a Toledo.
- ¿Conocéis las dificultades que ofrece la reedificación del puente?
- Las conozco, señor, y me creo capaz de vencerlas.
- ¿Dónde habéis estudiado?
- En Salamanca.
- ¿Y qué obras acreditan vuestra experiencia?
- Ninguna.

El arzobispo hizo un gesto de disgusto. El forastero lo notó y se apresuró a añadir:

- Fui soldado durante mi juventud, pero las enfermedades me obligaron a dejar la vida de las armas, y volviendo a Castilla, mi patria, me dediqué con ardor al estudio de la arquitectura, primero con la teoría y luego con la práctica.
- ¿Y no podéis señalar obra alguna que acredite vuestra habilidad?
- Algunas hay que honran a otros y deben honrarme a mí.
- No os comprendo.
- Era yo pobre y obscuro, y cuando buscaba pan y honra, tenía que renunciar a otros la honra y contentarme con el pan.
- Lástima que no tengáis medios de asegurarme que si fiamos en vos, no fiamos en vano.
- Uno tengo.
- ¿Y cuál es?
- Mi vida.
- Explicaos.
- Cuando se quite la cimbra del arco mayor del puente, el arquitecto que haya dirigido la obra estará sobre la clave del arco.
- Acepto el trato que me proponéis.
- Y yo lo cumpliré, señor.

El arzobispo estrechó la mano del arquitecto, y éste se dirigió a su casa, dando visibles señales de alegría. Su mujer, joven aún y hermosa a pesar de haber sufrido mucho, le esperaba con ansia en la ventana y salió a recibirle.

- ¡Catalina, mi Catalina! —exclamó el arquitecto, abrazando a su esposa. —Entre estos monumentos que decoran a Toledo, habrá otro que transmita a la posteridad el nombre de Juan de Arévalo.

III

Ya no podían los toledanos decir al acercarse al Tajo, "Aquí fue el puente de San Martín"; que el nuevo puente, aunque asegurado aún por sólidas cimbras y andamiaje, se alzaba ya sobre las ruinas del antiguo. El arzobispo don Pedro Tenorio y los mismos toledanos no cesaban de dar felicitaciones al hábil arquitecto que había conseguido construirlo, a pesar de la furia del río y de lo colosal de la obra.

El día antes de la fiesta de San Ildefonso, santo patrón de la ciudad, Juan de Arévalo le anunció al arzobispo que para terminar su obra sólo faltaba quitar las cimbras y el andamiaje de los tres arcos.

La alegría del arzobispo y del pueblo fue grande. La separación de las cimbras y del andamiaje de aquella enorme masa de piedra era prueba peligrosísima; pero la tranquilidad del arquitecto, comprometido a esperarla colocado sobre el arco central, inspiraba a todos confianza completa.

La solemne bendición e inauguración del puente de San Martín se anunció para el siguiente día, y los toledanos, desde las alturas que dominan el Tajo, contemplaban con gran emoción sus hermosos Cigarrales, que durante muchos años habían permanecido tristes, solitarios, casi abandonados, pero iban a recobrar tan pronto su antigua animación y su hermosura.

Cerca del anochecer, Juan de Arévalo subió al andamiaje del arco central del puente con el objeto de dejarlo todo dispuesto para la operación que a la mañana siguiente debía realizarse. Sonreía satisfecho; pero de repente desapareció la sonrisa de sus labios y la alegría de su rostro, y se dirigió a su casa lleno de tristeza.

Catalina salió a recibirle llena de contento; pero una horrible palidez cubrió su rostro al notar la que cubría el rostro de su marido.

- ¡Oh, Dios mío!—exclamó llena de espanto. ¿Vienes enfermo?
- ¡No, Catalina mía!—protestó Juan, procurando ocultar su tristeza.
- No me lo niegues; tu rostro lo revela.
- La tarde ha sido muy fría y el trabajo excesivo . . .
- Ven, ven cerca del hogar, donde el calor y la cena te devolverán la alegría.
- ¡La alegría! . . . murmuró Juan con profundo dolor, mientras su mujer se ocupaba en preparar la cena junto al fuego, en que ardían trozos de encina.
- Juan hizo un gran esfuerzo para vencer su tristeza, pero lo hizo inútilmente.
- Por primera vez en tu vida me ocultas una pena — le dijo Catalina.—¿Ya no te parezco digna de la confianza y el amor que siempre te he merecido?
- Respeta por tu bien y el mío el secreto que te oculto.
- Tu secreto es un dolor muy profundo, y quiero saberlo para poder aliviarlo.
- ¡Aliviarlo! ¡Es imposible!
- Para un amor como el que yo te tengo no hay imposibles.
- Pues bien: mañana perderé honra y vida, que se derrumbarán al río con la obra que con tantas esperanzas he alzado.
- ¡No! ¡No!—exclamó Catalina, estrechando en sus brazos a su marido.
- Sí, cuando mi confianza en el triunfo era mayor, he descubierto que un error en mis cálculos va a sepultar mañana en el Tajo el puente y al que lo ha dirigido.
- El puente podrá bajar a las aguas, pero no tú, amor mío, que yo le pediré de rodillas al noble arzobispo que no te deje cumplir tu horrible promesa.
- En vano será, porque aunque acceda a tu ruego, yo no quiero vida sin honra.
- ¡Vida con honra tendrás!—dijo Catalina con resolución.

IV

Cantaban ya los gallos.

Catalina parecía dormir, y hacía algún tiempo que dormía su marido, rendido por el dolor y el trabajo. Catalina se levantó, procurando no hacer ruido, y se dirigió a la cocina. La ventana de la cocina daba hacia el Tajo, y Catalina se asomó a ella. La noche estaba muy obscura, y algunos relámpagos brillaban de vez en cuando. No se oía más ruido que el de la corriente del río y el del viento que silbaba en el andamiaje del puente de San Martín.

Catalina volvió a cerrar la ventana. Entre los tizones medio apagados del hogar escogió uno y se dirigió con él a la calle, aun sin atreverse a respirar. ¿A dónde iba? ¿Llevaba aquel tizón encendido para alumbrarse en la densa obscuridad que la rodeó apenas salió de casa? No, a pesar de ser la obscuridad tan profunda, Catalina procuraba ocultar la lumbre con el manto en que se había envuelto.

Llegó por fin al puente, en cuyos arcos seguía silbando el viento y en cuyos estribos seguía rugiendo el río. Sentía horror, tal vez porque a los ojos de los que no comprenden los sacrificios del amor, el crimen la había conducido allí. Echó al viento el tizón que hasta entonces había procurado ocultar, y lo aplicó al andamiaje. La madera resinosa comenzó a arder y la llama, impulsada por el viento, subió inmediatamente con terrible rapidez. Con no menos rapidez, y a la luz del fuego que envolvía ya los tres arcos del nuevo puente, atravesó Catalina el espacio que la separaba de su casa, en la que volvió a entrar, procurando no hacer ruido al abrir y cerrar la puerta.

Su marido dormía aún.

Catalina se desnudó a obscuras y volvió a acostarse al lado de su marido. Un instante después, el fuego hizo estallar con terrible estrépito las piedras del puente. Juan de Arévalo despertó. Catalina estaba a su lado; parecía estar dormida.

Los toledanos no supieron nunca si el fuego del cielo o la casualidad había destruido el puente, pero Juan de Arévalo, que siempre había sido bueno y creía que los buenos alcanzan la protección de Dios, no vaciló un instante en creer que el puente había sido destruido por el fuego del cielo.

El incendio del puente nuevo retardó sólo un año el triunfo de Juan de Arévalo. Un año después, día también de San Ildefonso, los toledanos iban por el puente de San Martín a visitar sus hermosos Cigarrales, y el arzobispo don Pedro Tenorio, teniendo sentado a su derecha a Juan de Arévalo, en cuyo honor daba un magnífico banquete, le decía a Catalina:

- Si para otros, a las tres es la vencida, para vuestro esposo Juan de Arévalo, la vencida es a las dos.

A. Preguntas de comprensión

1. ¿Qué problema tenía el Arzobispo de Toledo y cómo intenta resolverlo?
2. ¿Qué le había ocurrido al puente de San Martín? ¿Cuándo ocurrió eso?
3. ¿Qué experiencia tenía Juan? ¿Cómo resuelve ese problema?
4. ¿Qué error había cometido el arquitecto?
5. ¿Qué decisión toma Catalina? ¿Cómo logra su cometido?
6. ¿Qué comentario le hace el Arzobispo a Catalina al final del cuento?

B. Temas para comentar o escribir

1. Discuta las acciones de Enrique de Trastamara durante la guerra.
2. Explique qué son los Cigarrales de Toledo.
3. Explique qué es un pregón y cuál es su función.
4. Discuta la decisión que toma Juan de Arévalo para conseguir el empleo. de arquitecto del puente de San Martín.
5. Discuta la decisión de Catalina. ¿La justifica Ud.?

III. GRAMÁTICA

A. Singular and Plural Definite and Indefinite Articles

Definite Articles

| el | - | los |
| la | - | las |

Indefinite Articles

un	-	unos
una	-	unas

The definite articles (el, la, los, las) are translated as "the"; and the indefinite articles (un, una unos, unas) are translated as "any" singular and "some" plural, respectively.

IV. EXERCISES

1. Use the correct definite articles:

1. _____libro
2. _____casa
3. _____gatos
4. _____avellanas
5. _____Argentina
6. _____ Perú
7. _____ asesinos
8. _____ estupideces
9. _____ mujer
10. _____ aceitunas

2. Use the correct indefinite articles:

1. _____ abrigo
2. _____ cartera
3. _____ anteojos
4. _____ amigas
5. _____ empleados
6. _____ araña
7. _____ caridad
8. _____ ensueños
9. _____ enfermedades
10. _____ pie

B. Adjectives

Adjectives are words which describe or modify nouns. They can be descriptive, numerical, possessive or demonstrative. Descriptive adjectives generally go after the noun and must agree with the noun in gender and number.

EXAMPLE:

- la chica bonita
- el chico guapo
- los perros juguetones

Adjectives ending with letter "*e*" stay the same in singular but are made plural for plural nouns.

EXAMPLE:

- el libro importante
- la clase importante
- los libros importantes

Numbers are placed before the noun, be they cardinal or ordinal. Ordinal adjectives agree with the noun in gender and number.

FOR EXAMPLE;

- el primer ejemplo
- la primera casa
- las sextas puertas

Cardinal numbers are the counting numbers which stay the same.

EXAMPLE:

- tres amigos
- ocho libros

Possessive adjectives are usually placed also before the noun they modify and must agree in number. They are;

-mi	-mis
-tu	-tus
-su	-sus
-nuestro,a	-nuestros,as
-vuestro,a	-vuestros,as
-su	-sus

Note that "nuestro" (our) also agrees in gender: "nuestra casa".

3. Translate to English the following adjectives:

    a. mis_____
    b. tu_____
    c. sus_____
    d. tres_____
    e. guapo_____
    f. elegante_____
    g. séptimo_____
    h. cansados_____
    i. nuestra_____
    j. novena_____

4. Translate to Spanish the following adjectives:

    a. their_____
    b. his_____
    c. friendly_____
    d. eighth_____
    e. five_____
    f. ours_____
    g. boring_____
    h. seventeen_____
    i. yours_____
    j. red_____

Demonstrative adjectives are;

-este,a = this   -estos,as = these
-ese,a = that   -esos,as = those
-aquel, aquella = that (far)   -aquellos, aquellas = those (far)

Remember that adjectives always modify nouns and are next to them: "esta camisa", "esos zapatos", "aquellos libros", etc. Use the "ese or esa" forms when the object is far from the speaker but close to the recipient of the message. Otherwise use a form of "aquel or aquella" when the object is far from the speaker and receiver of the message.

As you know, pronouns replace nouns; therefore, they always stand alone, Demonstrative pronouns translate for "this one, that one, these, those" and always have a written accent in Spanish:

-éste, ésta = this one
-ése, ésa = that one
-aquél, aquélla = that one (far)
-éstos, éstas = these
-ésos, ésas = those
-aquéllos, aquéllas = those (far)

5. Translate the underlined demonstrative into English:

a. Esta camisa y *aquélla* _____

b. Esos libros y *éstos* _____

c. Esa chica y *ésta* _____

d. Estos amigos y *ésos* _____

e. Este niño y *ése* _____

f. Aquel hombre y *éste* _____

g. Aquella mujer y *ésas* _____

h. Esas plumas y *aquéllas* _____

i. Aquellos edificios y *éstos* _____

j. Estos lápices y *ésos.* _____

6. Translate to Spanish:

a. *This* blusa y *that one* _____

b. *Those* hombres y *these* _____

c. *That* profesor y *this one* _____

d. *These* ejercicios y *those* _____

e. *This* monumento y *that one* _____

f. *These* casas y *those* _____

g. *That* sombrero y *this one* _____

h. *Those* muchachos y *these* _____

i. *These* caramelos y *those* _____

j. *That* abrigo y *this one* _____

7. Use the correct form of each adjective in each sentence:

a. La chica es _____(bonito).

b. Los lápices son_____(amarillo).

c. Estos libros son _____(mío).

d. Aquellos cuadernos no son _____(tuyo).

e. Los _____ (segundo) modelos son más originales.

f. Los "Tres_____ (triste) tigres" es una novela.

g. Los _____(primer) clientes ganaron el premio gordo.

h. La _____(cuarto) silla ya está tomada.

i. ?No son _____(este) los tuyos?

j. Aquellos son _____(nuestro) cuadernos.

El talismán

I. VOCABULARIO

1. el talismán = good luck charm
2. advertir = to warn
3. encender = to light up, ignite
4. conocer = to know
5. sino = destiny (or, but instead)
6. el embajador = ambassador
7. averiguar = to find out
8. apenas = scarcely
9. empresa = business
10. la suerte = luck
11. pesimismo = pessimism
12. inminente = imminent, soon
13. la esperanza = hope
14. sospechar = to suspect
15. ser deudor = to be in debt to someone
16. hallar = to find

A. GIVE DEFINITIONS OR WRITE WORD ASSOCIATIONS WITH PRECEEDING VOCABULARY

1. comprender, darse cuenta de_____
2. hacer un fuego_____
3. saber algo_____
4. una cosa que trae buena suerte_____
5. casi no; con dificultad_____
6. malos pensamientos_____
7. destino_____
8. buena fortuna_____
9. llamar la atención_____
10. conocimiento_____
11. muy pronto_____
12. un puesto diplomático_____
13. deuda_____
14. negocios_____
15. un deseo_____

B. WORD RELATIONSHIPS

Cognates

Your range of Spanish vocabulary will exceedingly increase if you can identify and use the idea of cognates. Cognates are words in different languages that are similar orthographically (spelling), phonetically, (sound), and semantically (meaning). They are either direct or indirect. Examples are "historia = history"; or "mundo = mundane."

1. Identify English cognates to the following words:

1. el ejemplo_____
2. el mundo_____
3. atacar_____
4. la historia_____
5. el libro_____
6. el matrimonio_____
7. la muerte_____
8. inminente_____
9. la sangre_____
10. el agua_____
11. la acción_____
12. la vista_____
13. pedir_____
14. defender_____
15. la injusticia_____

2. Write 10 of your own Spanish words that have English cognates:

1. _____
2. _____

3. _____
4. _____
5. _____
6. _____
7. _____
8. _____
9. _____
10. _____

3. Find English cognates for the following words:

comprender_____
inconveniente_____
conocer_____
sombra_____
en realidad_____
el esposo_____
el joven_____
humilde_____
la idea_____
repetir_____

II. CUENTO

El talismán

de

Emilia Pardo Bazán

La presente historia, aunque verdadera, no puede leerse a la claridad del sol. Te lo advierto, lector; enciende una luz, pero no eléctrica, ni de gas, ni siquiera de petróleo, sino uno de esos simpáticos velones que apenas alumbran, dejando en sombra la mayor parte del cuarto. O mejor aún: no enciendas nada; salta al jardín, y cerca de la fuente donde las magnolias derraman efluvios embriagadores y la luna rieles argentinos, oye el cuento de la mandrágora y del barón de Helynagy.

Conocí a este extranjero (y no lo digo por prestar colorido de verdad al cuento, sino porque en efecto le conocí) del modo más sencillo y menos romancesco del mundo: me lo presentaron en una fiesta de las muchas que dio el embajador de Austria. Era el barón primer secretario de la Embajada; pero no el puesto que ocupaba, ni su figura, ni su conversación, análoga a la de la mayoría de las personas que a uno le presentan, justificaban realmente el tono misterioso y las reticentes frases con que me anunciaron que me le presentarían, al modo con que se anuncia algún importante suceso.

Picada mi curiosidad, me propuse observar al barón detenidamente. Me pareció fino, con esa finura de los diplomáticos, y guapo, con la belleza algo impersonal de los hombres de salón. En cuanto a lo que valiese el barón en el terreno moral e intelectual, difícil era averiguarlo en tan insípidas circunstancias. A la media hora de conversación volví a pensar para mis adentros: "Pues no sé por qué nombran a este señor con tanto énfasis"

Apenas dio fin mi diálogo con el barón, pregunté a diestro y siniestro, y lo que saqué en limpio acrecentó mi curioso interés. Me dijeron que el barón poseía nada menos que un talismán. Sí, un talismán verdadero; algo que le permitía realizar todos sus deseos y salir próspero en todas sus empresas. Me refirieron golpes de suerte inexplicables, a no ser por la mágica influencia del talismán. El barón era húngaro, y aunque se preciaba de descender de Tacsoni, el glorioso caudillo magiar, lo cierto es que el último hombre de la familia Helynagy puede decirse que vegetaba en la estrechez, confinado allá en su vetusto solar de la montaña. De repente, una serie de raras casualidades concentró en sus manos respetable caudal: no sólo se murieron oportunamente varios parientes ricos, dejándole por universal heredero, sino que al ejecutar reparaciones en el vetusto castillo de Helynagy, se encontró un tesoro en monedas y joyas. Entonces el barón se presentó en la corte de Viena, según convenía a su rango, y allí se vieron nuevas señales de que sólo una protección misteriosa podía dar la clave de tan extraordinaria suerte. Si el barón jugaba, era seguro que se llevaba el dinero de todos; si fijaba sus ojos en una dama, era cosa segura que la dama se ablandaría. Tres desafíos tuvo, y en los tres hirió a su adversario; la herida del último fue mortal, cosa que pareció advertencia del Destino a los futuros rivales del barón. Cuando éste sintió el capricho de ser ambicioso, de par en par se le abrieron las puertas del Dieta, y la secretaría de la Embajada en Madrid hoy le servía únicamente de escalón para puesto más alto. Se decía que ya le nombrarían ministro plenipotenciario el invierno próximo.

Si todo ello no era patraña, efectivamente merecía la pena de averiguar con qué talismán se obtienen tan envidiables resultados; y yo me propuse saberlo, porque siempre he profesado el principio de que en lo fantástico y maravilloso hay que creer completamente, y el que no cree —por lo menos desde las once de la noche hasta las cinco de la mañana—es medio tonto.

A fin de conseguir mi objeto, hice todo lo contrario de lo que suele hacerse en casos tales; procuré conversar con el barón a menudo y en tono franco; pero no le dije nunca palabra del talismán. Hastiado probablemente de conquistas amorosas, estaba el barón en la disposición más favorable para ser amigo, y nada más que amigo, de una mujer que le tratase con amistosa franqueza. Sin embargo, por algún tiempo mi estrategia no tenía efecto alguno. Percibí en el barón más que la insolente alegría del que tiene la suerte en la mano, una tristeza e inquietud, una especie de pesimismo. Por otro lado, sus repetidas alusiones a tiempos pasados, tiempos modestos y oscuros, y a un repentino encumbramiento, confirmaban la versión que corría. El anuncio de que había sido llamado a Viena el barón y que era inminente su marcha, me hizo perder la esperanza de saber nada más.

Pensaba yo en esto una tarde, cuando precisamente me anunciaron al barón. Venía, sin duda, a despedirse, y traía en la mano un objeto que depositó en la mesilla más próxima. Se sentó después y miró alrededor, como para ver si estábamos solos. Sentí una emoción profunda, porque adiviné con rapidez intuitiva, femenil, que del talismán iba a tratarse.

- Vengo —dijo el barón—a pedir de usted, señora, un favor inestimable para mí. Ya sabe usted que me llaman a mi país, y sospecho que el viaje será corto. Poseo un objeto . . ., una especie de reliquia . . ., y temo que los azares del viaje . . . En fin: temo que me la roben, porque es muy codiciada, y muchos le atribuyen virtudes asombrosas. Mi viaje se ha divulgado. Es muy posible que hasta se trame algún complot para quitármela. A usted se la confío; guárdela hasta mi vuelta, y le seré deudor de verdadera gratitud.

¡De manera que aquel talismán precioso estaba allí, a dos pasos, sobre un mueble, e iba a quedar entre mis manos!

- Tenga usted por seguro que si la guardo, estará bien guardada —respondí con vehemencia—; pero antes de aceptar el encargo quiero que usted me entere de lo que voy a conservar. Aunque nunca he dirigido a usted preguntas indiscretas, sé lo que se dice, y entiendo que posee usted un talismán prodigioso que le ha dado toda clase de venturas. No lo guardaré sin saber en qué consiste y si realmente merece tanto interés.

El barón titubeó. Vi que vacilaba antes de resolverse a hablar con toda verdad y franqueza. Por último, prevaleció la sinceridad y, no sin algún esfuerzo, dijo: —Ha tocado usted, señora, a la herida de mi alma. Mi pena constante es la duda en que vivo sobre si realmente poseo un tesoro de mágicas virtudes, o cuido supers-ticiosamente un fetiche despreciable. En los hijos de este siglo, la fe en lo sobrenatural es siempre torre sin cimiento: el menor soplo de aire la echa por tierra. Se me cree "feliz", cuando realmente no soy más que "afortunado"; sería feliz si estuviera completamente seguro de que lo que ahí se encierra es, en efecto, un talismán que realiza mis deseos y para los golpes de la adversidad; pero este punto es el que no puedo saber. ¿Qué sabré yo decir? Que siendo muy pobre y no haciendo nadie caso de mí, una tarde pasó por Helynagy un israelita venido de Palestina, y se empeñó en verderme eso, asegurándome que me valdría dichas sin número. Lo compré . . . como se compran mil cosas inútiles . . ., y lo eché en una caja. Al poco tiempo empezaron a sucederme cosas que cambiaron mi suerte; pero que pueden explicarse todas . . ., sin necesidad de milagro —aquí el barón sonrió y su sonrisa fue contagiosa—. Todos los días —prosiguió recobrando su expresión melancólica—, estamos viendo que un hombre logra en cualquier terreno lo que no merece . . ., y es corriente y usual que duelistas inexpertos venzan a duelistas famosos. Si yo tuviese la convicción de que existen talismanes, gozaría tranquilamente de mi prosperidad. Lo que me amarga, es la idea de que puedo vivir juguete de una apariencia engañosa, y que el día menos pensado caerá sobre mí el sino funesto de mi raza. Vea usted cómo hacen mal los que me envidian y cómo el tormento del miedo al porvenir compensa esas dichas. Así y todo, con lo que tengo de mi fe me basta para rogar a usted que me guarde bien la cajita . . . porque la mayor desgracia de un hombre es el no ser escéptico del todo ni creyente a machamartillo.

Esta confesión leal me explicó la tristeza que había notado en el rostro del barón. Su estado moral me pareció digno de lástima, porque en medio de las mayores venturas le molía el alma del descreimiento. La victoria, arrogancia de los hombres grandes, viene siempre de la confianza en su estrella, y el barón de Helynagy, incapaz de creer, era incapaz para el triunfo.

Se levantó el barón, y recogiendo el objeto que había traído, desenvolvió un paño de seda gris y vi una cajita de cristal de roca y cerradura de plata. Alzada la cubierta, sobre un sudario de lienzo que el barón apartó delicadamente, distinguí una cosa horrible: una figurilla grotesca, oscura, que representaba en pequeño el cuerpo de un hombre. Mi movimiento de repugnancia no sorprendió al barón.

- Pero, ¿qué es esto? —hube de preguntarle.
- Esto —replicó el diplomático—es una maravilla de la Naturaleza; esto no se imita ni se finge: esto es la propia raíz de la mandrágora, tal cual se forma en el seno de la tierra, antigua como el mundo es la superstición que atribuye a la mandrágora las más raras virtudes. Dicen que procede de la sangre de los ajusticiados, y que por eso, de noche, a las altas horas, se oye gemir a la mandrágora como si en ella viviese cautiva una alma llena de desesperación. ¡Ah! Cuide uste, por Dios, de tenerla envuelta siempre en un sudario de seda o de lino; sólo así dispensa protección la mandrágora.
- ?Y usted cree todo eso?—exclamé, mirando al barón fijamente.
- !Ojalá! —respondió en tono tan amargo que al pronto no supe replicar palabra. A poco el barón se despidió, repitiendo que yo tuviese el mayor cuidado, por lo que pudiera suceder, con la cajita y su contenido. Me advirtió que regresaría dentro de un mes, y entonces recobraría la cajita.

Así que cayó bajo mi custodia el talismán, ya se comprende que lo miré más despacio; y confieso que si toda la leyenda de la mandrágora me parecía una patraña grosera, una vil superstición de Oriente, no dejó de preocuparme la perfección extraña con que aquella raíz imitaba un cuerpo humano. Discurrí que sería alguna figura contrahecha, pero la vista me desengañó, convenciéndome de que la mano del hombre no tenía parte en el fenómeno, y que era natural, la propia raíz según la arrancaran del terreno. Interrogué sobre el particular a personas que habían residido largo tiempo en la Palestina, y me aseguraron que no es posible falsificar una mandrágora, y que así, cual la modeló la Naturaleza, la recogen y venden los pastores de los montes de Galaad y de los llanos de Jericó.

Sin duda la rareza del caso, para mí enteramente desconocido, fue lo que exaltó mi fantasía. Lo cierto es que empecé a sentir miedo, o, al menos, una repulsión invencible hacia el maldito talismán. Lo había guardado con mis joyas en la caja fuerte de mi propio dormitorio. El ruido más insignificante me despierta temblando, y, a veces, el viento que mueve los cristales y estremece las cortinas se me antoja que es la mandrágora que se queja con voces del otro mundo . . .

En fin: no me dejaba vivir la tal porquería, y determiné sacarla de mi cuarto y llevarla a una cristalera del salón, donde conservaba yo monedas y medallas. Aquí está el origen de mi eterno remordimiento, que no se me quitará en la vida. Porque la fatalidad quiso que un criado nuevo, a quien tentaron las monedas que la cristalera encerraba, rompiese los vidrios, y al llevarse las monedas, cargase también con la cajita del talismán. Fue para mí un terrible golpe. Avisé a la Policía; la Policía revolvió cielo y tierra; el ladrón apareció, sí señor, apareció; se recobraron las monedas, la cajita y el sudario . . .; pero el talismán confesó mi hombre que lo había arrojado a un sumidero y no hubo medio de dar con él, aun a costa de las investigaciones mejor remuneradas del mundo.

- ¡¿Y el barón de Helynagy?! —pregunté a la dama que me había referido tan singular suceso.
- Murió en un choque de trenes cuando regresaba a España —contestó ella, más pálida que de costumbre y volviendo el rostro.
- ¿De modo que era talismán verdadero aquél . . .?
- ¡Válgame Dios!—repuso—¿No quiere usted concederle nada a las casualidades?

A. Preguntas de comprensión

1. ¿Dónde conoció la narradora del cuento al barón Helynagy?
2. ¿Qué parientes lejanos tenía la familia del barón?
3. ¿Qué hechos hacían que la gente envidiase al barón?
4. Describa la mandrágora del barón.
5. ¿Que le sucedió a la mandrágora?
6. ¿Qué le sucedió al barón?

B. Temas para comentar o escribir

1. ¿Por qué dice la narradora que el cuento no puede leerse al sol?
2. Discuta la familia del barón.
3. ¿Qué motiva al barón a confiar en la narradora? Explique.
4. Discuta el secreto del barón.
5. Discuta los poderes de la mandrágora vs. la casualidad.

III. GRAMÁTICA

A. The Future Tense

The future tense as its name denotes is action that *will* occur. In English it is conveyed by the word *will* before the verb. In Spanish it is conveyed by future tense *endings attached not to the stem but to the infinitive*. There is one set of endings for all *AR*, *ER*, and *IR* verbs. They are:

-é	-emos
-ás	-éis
-á	án

hablar

hablaré (I will speak)	hablaremos (We will speak)
hablarás (You will speak)	hablaréis (You will speak)
hablará (He, She, Ud. will speak)	hablarán (They will speak)

comer

comeré (I will eat)	comeremos (We will eat)
comerás (You will eat)	comeréis (You will eat)
comerá (He, She, Ud. will eat)	comerán (They will eat)

vivir

viviré (I will live)	viviremos (We will live)
vivirás (You will live)	viviréis (You will live)
vivirá (He, She, Ud. will live)	vivirán (They will live).

There are about 10 verbs which are irregular in the future tense. Their endings are regular but their stems are not. They are:

1. *salir* (to leave, to go out), *venir* (to come), *poner* (to put, place), *tener* (to have). In these verbs, drop the final vowel and add the consonant "d". For example: yo saldré, ellos vendrán, Ud. pondrá, tú tendrás, etc.

2. *querer* (to wish, want), *saber* (to know), *poder* (to be able). In these verbs, drop the final "s": yo querré, ellos sabrán, tú podrás.

3. *Hacer* (to do, to make) and *decir* (to say) follow the old Spanish form as stem (*har* and *dir*). Therefore:

   Yo haré, Tú harás, Él, Ella hará, Nosotros haremos, Vosotros haréis, Ellos harán
   Yo diré, Tú dirás, Él, Ella dirá, Nosotros diremos, Vosotros diréis, Ellos dirán

4. The irregular future and conditional tense stems are:
salir-saldr -	querer-querr -	hacer-har -
venir-vendr -	saber-sabre -	decir-dir -
poner-pondr -	poder-podr -	
tener-tendr -		

You will also remember that immediate future action can also be conveyed by the present tense conjugation of the verb *ir a* = to go, plus the action verb in the infinitive form. An example is: "Voy a nadar" = I am going to swim. More examples are:

Tú vas a nadar = You are going to swim
Él, Ella va a nadar = He, She is going to swim
Nosotros vamos a nadar = We are going to swim
Vosotros vais a nadar = You are going to swim
Ellos van a nadar = They are going to swim

IV. EXERCISES

1. Identify the subject for each verb:

    1. prepararé_____

    2. aprenderemos_____

    3. tendrá_____

    4. escribirán_____

    5. saldrás_____

    6. hará_____

    7. podré_____

    8. pondremos_____

    9. habrás_____

    10. comprenderán_____

2. Translate the preceeding verbs into English:

    1. _____

    2. _____

    3. _____

    4. _____

    5. _____

    6. _____

    7. _____

    8. _____

    9. _____

    10. _____

3. Translate the following into Spanish:

    1. They will see_____

    2. We will have_____

    3. You will leave_____

    4. I will come_____

    5. We shall put_____

    6. They will learn_____

    7. I will say_____

    8. You will invite_____

    9. You will do_____

    10. They will know_____

4. Write each verb in the future and complete the sentences:

    1. Yo   (jugar) _____

    2. Tú   (tocar) _____

    3. Nosotros   (hacer) _____

    4. Ud.   (tomar) _____

    5. Uds.   (trabajar) _____

    6. Él.   (ver)_____

7. Elena   (preparar) _____
8. Los chicos   (nadar) _____
9. Nosotros   (ganar) _____
10. Ellos   (decir) _____

5. Rewrite each sentence in the future tense:

1. Juan tiene suficiente dinero._____
2. Nosotros vamos al supermercado._____
3. Ellos vienen tarde._____
4. Ud. prepara la comida._____
5. Yo digo la verdad._____
6. Estudiamos para el examen._____
7. Pongo la ropa en la maleta._____
8. Ves las señas en la calle._____
9. Hago mis quehaceres mañana._____
10. Estudia todas las noches._____

B. The Conditional Tense

The Conditional tense is translated by the English word "would" before each English verb. Like the future tense, the conditional verb endings are attached to the infinitive. The same verbs which are irregular in the future tense are also irregular in the conditional tense. The same set of endings is used for all three verbs, cases, plus most irregular verbs. The endings are the following:

-ía   -íamos

-ías   -íais

-ía   -ían

hablar

hablaría = I would speak	hablaríamos = we would speak
hablarías = You would speak	hablaríais = you would speak
hablaría = He, She,Ud. would speak	hablarían = they would speak

vender

vendería = I would sell	venderíamos = we would sell
venderías = You would sell	venderíais = you would sell
vendería = He, She,Ud. would sell	venderían = they would sell

recibir

recibiría = I would receive	recibiríamos = we would receive
recibirías = You would receive	recibiríais = You would receive
recibiría = He, She,Ud. would receive	recibirían = they would receive

6. Write the conditional according to the subject:

1. decir (yo)_____
2. hacer (tú)_____
3. poder (él)_____
4. poner (ella)_____
5. querer (Ud.) _____
6. saber (nosotros)_____
7. salir (vosotros)_____
8. tener (ellas)_____
9. venir (Uds.)_____
10. cantar (yo)_____
11. aprender (tú)_____
12. escribir (él)_____
13. ayudar (ella)_____
14. asistir (Ud.)_____
15. caminar (nosotros)_____
16. recibir (vosotros)_____
17. resistir (ellos)_____
18. defender (ellas)_____
19. conseguir (Uds.)_____
20. almacenar (Ellos)_____

7. Translate the following verbs into English:

1. invitaríamos_____
2. aprenderían_____
3. yo tendría_____
4. querrías_____
5. recibirías_____
6. ella volvería_____
7. él habría_____
8. diríamos_____
9. vendrían_____
10. yo tomaría_____

8. Translate the following verbs into Spanish:

a. they would say_____
b. we would come_____
c. I would invite_____
d. he would place_____
e. you would be able_____
f. they would see_____
g. we would want_____
h. I would want_____
i. she would take_____
j. they would sell_____

El doble sacrificio

I. VOCABULARIO

1. el cura = priest
2. viudo = widower
3. la metafísica = metaphysics
4. el peligro = danger
5. el pecado = sin
6. enamorado = in love
7. enseñar = to show, to teach
8. casado = married
9. el cariño = dear, tenderness
10. el marido = husband
11. ni delgada ni gruesa = neither thin nor heavy
12. atreverse = to dare
13. la locura = madness
14. perseguir = to pursue
15. el maestro = teacher
16. el casamiento = marriage
17. la alcoba = bedroom
18. la cita = date
19. la virtud = virtue
20. esconderse = to hide
21. sin decir oste ni moste = without saying a word
22. chacha = nanny, nursemaid

A. DEFINICIONES. WRITE DEFINITIONS IN SPANISH FROM THE VOCABULARY LIST ABOVE

1. _____
2. _____
3. _____
4. _____
5. _____
6. _____
7. _____
8. _____
9. _____
10. _____
11. _____
12. _____
13. _____
14. _____
15. _____
16. _____
17. _____
18. _____
19. _____
20. _____
21. _____
22. _____

II. CUENTO

El doble sacrificio

de

Juan Valera

Del Padre Gutiérrez a Don Pepito
Málaga, 4 de abril de 1842.

Mi querido discípulo:

Mi hermana, que ha vivido más de veinte años en ese lugar, vive hace dos en mi casa, desde que quedó viuda y sin hijos. Conserva muchas relaciones, recibe con frecuencias cartas de ahí y está al corriente de todo. Por ella sé cosas que me inquietan y apesadumbran en extremo. ?Cómo es posible, me digo, que un joven tan honrado y tan temeroso de Dios, y a quien enseñé yo tan bien la metafísica y la moral, cuando él acudía a oir mis lecciones en el Seminario, se conduzca ahora de un modo tan pecaminoso? Me horrorizo de pensar en el peligro a que te expones de incurrir en los más espantosos pecados, de amargar la existencia de un anciano venerable, deshonrando sus canas, y de ser ocasión, si no causa, de irremediables infortunios. Sé que frenéticamente enamorado de doña Juana, legítima esposa del rico labrador D. Gregorio, la persigues con audaz imprudencia y procuras triunfar de la virtud y de la entereza con que ella se te resiste. Fingiéndote ingeniero o perito agrícola, estás ahí enseñando a preparar los vinos y a injertar las cepas en mayor vidueño; pero lo que tú injertas es tu viciosa travesura, y lo que tú preparas es la desolación vergonzosa de un varón excelente, cuya sola culpa es la de haberse casado, ya viejo, con una muchacha bonita y algo coqueta. !Ah, no, hijo mío! Por amor de Dios y por tu bien, te lo ruego. Desiste de tu criminal empresa y vuélvete a Málaga. Si en algo estimas mi cariño y el buen concepto en que siempre te tuve, y si no quieres perderlos, no desoigas mis amonestaciones.

De Don Pepito al Padre Gutiérrez

Villalegre, 7 de abril

Mi querido y respetado maestro:

El tío Paco, que lleva desde aquí vino y aceite a esa ciudad, me acaba de entregar la carta de usted del 4, a la que me apresuro a contestar para que Ud. se tranquilice y forme mejor opinión de mí. Yo no estoy enamorado de doña Juana ni la persigo como ella se figura. Doña Juana es una mujer singular y hasta cierto punto peligrosa, lo confieso. Hará seis años, cuando ella tenía cerca de treinta, logró casarse con el rico labrador D. Gregorio. Nadie la acusa de infiel, pero sí de que tiene embaucado a su marido, de que le manda a zapatazos y le trae y lleva como un zarandillo. Es ella tan presumida y tan vana, que cree y ha hecho creer a su marido que no hay hombre que no se enamore de ella y que no la persiga. Si he de decir la verdad, doña Juana no es fea, pero tampoco es muy bonita; y ni por alta, ni por baja, ni por muy delgada ni por gruesa llama la atención de nadie. Llama, sí, la atención por sus miradas, por sus movimientos y porque, acaso sin darse cuenta de ello, se empeña en llamarla y en provocar a la gente. Se pone carmín en las mejillas, se echa en la frente y en el cuello polvos de arroz, y se pinta de negro los párpados para que resplandezcan más sus negros ojos. Los esgrime de continuo, como si desde ellos estuviesen los amores lanzando enerboladas flechas. En suma, doña Juana, contra la cual nada tienen que decir las malas lenguas, va sin querer alborotando y sacando de quicio a los mortales del sexo fuerte, ya de paseo, ya en las tertulias, ya en la misma iglesia. Así hace fáciles y abundantes conquistas. No pocos hombres, sobre todo si son forasteros y no la conocen, se figuran lo que quieren, se las prometen felices, y se atreven a requebrarla y hasta a hacerle poco morales proposiciones. Ella entonces los despide con cajas destempladas. En seguida va lamentándose jactanciosamente con todas sus amigas de lo mucho que cunde la inmoralidad y de que ella es tan desventurada y tiene tales atractivos, que no hay hombre que no la requiebre, la pretenda, la acose y ponga asechanzas a su honestidad, sin dejarla tranquila con su D. Gregorio.

La locura de doña Juana ha llegado al extremo de suponer que hasta los que nada le dicen están enamorados de ella. En este número me cuento, por mi desgracia. El verano pasado vi y conocí a doña Juana en los baños de Carratraca. Y como ahora estoy aquí, ella ha armado en su mente el caramillo de que he venido persiguiéndola. No hallo modo de quitarle esta ilusión, que me fastidia no poco, y no puedo ni quiero abandonar este lugar y volver a Málaga, porque hay un asunto para mí de grande interés, que aquí me retiene. Ya hablaré de él a usted otro día. Adiós por hoy.

Del mismo al mismo

10 de abril

Mi querido y respetable maestro:

Es verdad: estoy locamente enamorado; pero ni por pienso de doña Juana. Mi novia se llama Isabelita. Es un primor por su hermosura, discreción, candor y buena crianza. Imposible parece que un tío tan ordinario y tan gordiflón como D. Gregorio, haya tenido una hija tan esbelta, tan distinguida y tan guapa. La tuvo D. Gregorio de su primera mujer. Y hoy su madrastra doña Juana la cela, la muela, la domina y se empeña en que ha de casarla con su hermano D. Ambrosio, que es un grandísimo perdido y a quien le conviene este casamiento, porque Isabelita está heredada de su madre y, para lo que suele haber en pueblos como éste, es muy buen partido. Doña Juana aplica a D. Ambrosio, que al fin es su sangre, el criterio que con ella misma emplea, y da por seguro que Isabelita quiera ya de amor a D. Ambrosio y está rabiando por casarse con él. Así se lo ha dicho a D. Gregorio, e Isabelita, llena de miedo, no se atreve a contradecirla, ni menos a declarar que gusta de mí, que yo soy su novio y que he venido a este lugar por ella.

Doña Juana anda siempre hecha un lince vigilando a Isabelita, a quien nunca he podido hablar y a quien no me he atrevido a escribir, porque no recibiría mis cartas.

Desde Carratraca presumo, no obstante, que la muchacha me quería, porque involuntaria y candorosamente me devolvía con gratitud y con amor las tiernas y furtivas miradas que yo solía dirigirle.

Fiado sólo en esto vine a este lugar con el pretexto que ya usted sabe.

Haciendo estaría yo el papel de bobo, si no me hubiese deparado la suerte un auxiliar poderosísimo. Es éste la chacha Ramoncica, vieja y lejana parienta de D. Gregorio, que vive en su casa, como ama de llaves, que ha criado a Isabelita y la adora, y que no puede sufrir a doña Juana, así porque maltrata y tiraniza a su niña, como porque a ella le ha quitado el mangoneo que antes tenía. Por la chacha Ramoncica, que se ha puesto en relación conmigo, sé que Isabelita me quiere; pero que es tan tímida y tan bien mandada, que no será mi novia formal, ni me escribirá, ni consentirá en verme, ni se allanará a hablar conmigo por una reja, dado que pudiera hacerlo, mientras no den su consentimiento su padre y la que tiene hoy en lugar de madre. Yo he insistido con la chacha Ramoncica para ver si lograba que Isabelita hablase conmigo por una reja; pero la chacha me ha explicado que esto es imposible. Isabelita duerme en un cuarto interior, para salir del cual tendría que pasar forzosamente por la alcoba en que duerme su madrastra, y apoderarse además de la llave, que su madrastra guarda después de haber cerrado la puerta de la alcoba.

En esta situación me hallo, mas no desisto ni pierdo la esperanza. La chacha Ramoncica es muy ladina y tiene grandísimo empeño en fastidiar a doña Juana. En la chacha Ramoncica confío.

Del mismo al mismo

15 de abril

Mi querido y respetable maestro:

La chacha Ramoncica es el mismo demonio, aunque para mí, benéfico y socorrido. No sé cómo se las ha compuesto. Lo cierto es que me ha proporcionado para mañana, a las diez de la noche, una cita con mi novia. La chacha me abrirá la puerta y me entrará en la casa. Ignoro a dónde se llevará a doña Juana para que no nos sorprenda. La chacha dice que yo debo descuidar, que todo lo tiene perfectamente arreglado y que no habrá el menor perchance. En su habilidad y discreción pongo mi confianza. Espero que la chacha no habrá imaginado nada que esté mal; pero en todo caso, el fin justifica los medios, y el fin que yo me propongo no puede ser mejor. Allá veremos lo que sucede.

Del mismo al mismo

17 de abril

Mi querido y respetable maestro:

Acudí a la cita. La pícara de la chacha cumplió lo prometido. Abrió la puerta de la calle con mucho tiento y entré en la casa. Llevándome de la mano me hizo subir a obscuras las escaleras y atravesar un largo corredor y dos salas. Luego penetró conmigo en una grande estancia que estaba iluminada por un velón de dos mecheros, y desde la cual se descubría la espaciosa alcoba antigua. La chacha se había valido de una estratagema infernal. Si antes me hubiera confiado su proyecto, jamás hubiera yo consentido en realizarle. Vamos . . . si no es posible que adivine usted lo que allí pasó. D. Gregorio se había quedado aquella noche a dormir en la cacería, y la perversa chacha Ramoncica, engañándome, acababa de introducirme en el cuarto de doña Juana. !Qué asombro el mío cuando me encontré de manos a boca con esta señora! Dejo de referir aquí, para no pecar de prolijo, los lamentos y quejas de esta dama, las muestras de dolor y de enojo, combinadas con las de piedad, al creerme víctima de un amor desesperado por ella, y los demás extremos que hizo y a los cuales todo atortolado no sabía yo qué responder ni cómo justificarme. Pero no fue esto lo peor, ni se limitó a tan poco la maldad de la chacha Ramoncica. A don Gregorio, varón pacífico, pero celoso de su honra, le escribió un anónimo revelándole que su mujer tenía a las diez una cita conmigo. D. Gregorio, aunque lo creyó una calumnia, por lo mucho que confiaba en la virtud de su esposa, acudió con don Ambrosio para cerciorarse del todo.

Bajó del caballo, entró en la casa y subió las escaleras sin hacer ruido, seguido de su cuñado. Por dicha o por providencia de la chacha, que todo lo había arreglado muy bien, D. Gregorio tropezó en la obscuridad con un banquillo que habían atravesado por medio y dio un costalazo, haciendo bastante estrépito y lanzando algunos remilgos.

Pronto se levantó sin haberse hecho daño y se dirigió precipitadamente al cuarto de su mujer. Allí oímos el estrépito y los reniegos, y los tres, más o menos criminales, nos llenamos de consternación. !Cielos santos! —exclamó doña Juana con voz ahogada-: Huya usted, sálveme: mi marido llega. No había medio de salir de allí sin encontrarse con D. Gregorio, sin esconderse en la alcoba o sin refugiarse en el cuarto de Isabelita, que estaba contiguo. La chacha Ramoncica, en aquel apuro, me agarró de un brazo, tiró de mí, y me llevó al cuarto de Isabelita, con agradable sorpresa por mi parte. Halló D. Gregorio tan turbada a su mujer, que se acrecentaron sus recelos, y quiso registrarlo todo, seguido siempre de su cuñado. Así llegaron ambos al cuarto de Isabelita. Ésta, la chacha Ramoncica como tercera, y yo como novio, nos pusimos humildemente de rodillas, confesamos nuestras faltas y declaramos que queríamos remediarlo todo por medio del santo sacramento del matrimonio. Después de las convenientes explicaciones y de saber D. Gregorio cúal es mi familia y los bienes de fortuna que poseo, D. Gregorio, no sólo ha consentido, sino que ha dispuesto que nos casemos cuanto antes. Doña Juana, a regañadientes, ha tenido que consentir también, a lo que ella entiende, para salvar su honor. Y hasta me ha quedado muy agradecida, porque me sacrifique para salvarla. Y más agradecida ha quedado a Isabelita, que por el mismo motivo se sacrifique también, a pesar de lo enamorada que está de D. Ambrosio.

No he de negar yo, mi querido maestro, que la tramoya de que se ha valido la chacha Ramoncica tiene mucho de censurable; pero tiene una ventaja grandísima. Estando yo "tan enamorado" de doña Juana y estando Isabelita "tan enamorada" de don Ambrosio, los cuatro correríamos grave peligro, si mi futura y yo nos quedásemos por aquí. Así tenemos razón sobrada para largarnos de este lugar, no bien nos eche la bendición el cura, y huir de dos tan apestados personajes como son la madrastra de Isabelita y su hermano.

De Doña Juana a Doña Micaela, hermana del Padre Gutiérrez

4 de mayo

Mi bondadosa amiga:

Para desahogo de mi corazón, he de contar a usted cuanto ha ocurrido. Siempre he sido modesta. Disto mucho de creerme linda y seductora. Y, sin embargo, yo no sé en qué consiste; sin duda, sin quererlo yo y hasta sin sentirlo se escapa de mis ojos un fuego infernal que vuelve locos furiosos a los hombres. Ya dije a usted la vehemente y criminal pasión que en Carratraca inspiré a D. Pepito, y lo mucho que éste me ha solicitado, atormentado y perseguido viniéndose a mi pueblo. Crea usted que yo no he dado a ese joven audaz motivo bastante para el paso, o major diré, para el precipicio a que se arrojó hace algunas noches. De rondón, y sin decir oste ni moste, se entró en mi casa y en mi cuarto para asaltar mi honestidad; cuando estaba mi marido ausente. !En qué peligro me he encontrado! !Qué compromiso el mío y el suyo! D. Gregorio llegó cuando menos lo preveíamos. Y gracias a que tropezó en un banquillo, dio un batacazo y soltó algunas de las feas palabrotas que él suele soltar. Si no es por esto, nos sorprende. La presencia de espíritu de la chacha Ramoncica nos salvó de un escándalo y tal vez de un drama sangriento. ¿Qué hubiera sido de mi pobre D. Gregorio, tan grueso como está y saliendo al campo en desafío? Sólo de pensarlo se me erizan los cabellos. La chacha, por fortuna, se llevó a D. Pepito al cuarto de Isabel. Así nos salvó. Yo le he quedado muy agradecida. Pero aun es mayor mi gratitud hacia el apasionado D. Pepito, que, por no comprometerme, ha fingido que era novio de Isabel, y hacia mi propia hija política, que ha renunciado a su amor por D. Ambrosio y ha dicho que era novia del joven malagueño. Ambos han consumado un doble sacrificio para que yo no pierda mi tranquilidad y mi crédito. Ayer se casaron y se fueron enseguida para esa ciudad. Ojalá olviden, ahí, lejos de nosotros, la pasión que mi hermano y yo les hemos inspirado. Quiera el cielo que, ya que no se tengan un amor muy fervoroso, lo cual no es posible cuando se ama con fogosidad a otras personas, se cobren mutuamente aquel manso y tibio afecto, que es el que más dura y el que mejor conviene a las personas casadas. A mí, entretanto, todavía no me ha pasado el susto. Y estoy tan escarmentada y recelo tanto mal de este involuntario fuego abrasador que brota a veces de mis ojos, que me propongo no mirar a nadie e ir siempre con la vista clavada en el suelo.

Consérvese usted bien, mi bondadosa amiga, y pídale a Dios en sus oraciones que me devuelva el sosiego que tan espantoso lance me había robado.

A. Preguntas de comprensión

1. ¿Por qué critica el Padre Gutiérrez a Don Pepito?
2. ¿Qué aparenta ser Pepito? ?Por qué lo hace?
3. ¿Cuál es el problema de Doña Juana?
4. ¿Qué estratagema emplea la chacha Ramoncica? Explique.
5. ¿Cómo termina el enredo de las dos parejas?
6. ¿Qué piensa Doña Juana del matrimonio de Don Pepito y de Isabelita?

B. Temas para comentar o escribir

1. Discuta el rumor que corre en el pueblo.
2. Discuta la presunción de Doña Juana.
3. Discuta la profesión fingida de Don Pepito. Explique.
4. Discuta el enredo pasional de los 5 personajes y de la chacha Ramoncica.
5. Discuta el desenlace del cuento y lo que piensa los personajes.

III. GRAMÁTICA

A. The Perfect Tenses

The perfect tenses are used much in the Spanish language. They are translated as "I have gone", "I have looked" or "He had seen" or "He will have searched, or finally, "I would have been". The perfect tenses are formed with a conjugation of *haber* (to have) plus a past participle. *Haber* is a 'helping" or auxiliary verb which conveys person, number and tense. And the past participle conveys the intended meaning. A past participle is formed by adding *-ado* to the stem of *AR* verbs or *-ido* for *ER* and *IR* verbs. Three examples are: "hablar — hablado", "comer — comido", and "vivir — vivido". Most verbs follow this rule but some verbs have irregular past participles. They are:

abrir — abierto
morir — muerto
descubrir — descubierto
cubrir — cubierto
decir — dicho
hacer — hecho
escribir — escrito
describir — descrito
poner — puesto
resolver — resuelto
volver — vuelto
ver — visto
romper — roto

The past participles hook up with one of the conjugations of *haber*. They are:

Present (has, have)
yo he   nosotros hemos
tú has   vosotros habéis
él, ella, Ud. ha   ellos, ellas, Uds. han

Past (had)
había   habíamos
habías   habíais
había   habían

Future (will have)   *Conditional* (would have)
habré   habremos   habría   habríamos
habrás   habréis   habrías   habríais
habrá   habrán   habría   habrían

Some examples of the translations are:

He buscado	I have looked for
Hemos recibido	We have received
Había roto	He (She) had broken
Habían visto	They had seen
Habré venido	I will have come
Habremos hecho	We will have done
Habrías llegado	You would have arrived
Habrían descubierto	They would have discovered

IV. EXERCISES

1. Identify the tense of the following verbs:

a. habrían visto_____

b. he escrito_____

c. habíamos dicho_____

d. han hecho_____

e. habrían estado_____

f. has recomendado_____

g. habrá visto_____

h. habremos ido_____

i. hemos dado_____

j. has recibido_____

2. Translate the above verbs into English:

a. _____

b. _____

c. _____

d. _____

e. _____

f. _____

g. _____

h. _____

i. _____

j. _____

3. Translate the following verbs into Spanish:

a. They have waited_____

b. He has arrived_____

c. He had eaten_____

d. We will have written_____

e. They would have given_____

f. She had received_____

g. They had gone_____

h. I have spoken_____

i. We have seen_____

j. They will have read_____

4. Write the past participle for the following verbs:

1. tomar_____

2. averiguar_____

3. defender_____

4. leer_____

5. aprender_____

6. comprender_____
7. recibir_____
8. escribir_____
9. morir_____
10. volver_____
11. decir_____
12. hacer_____
13. poner_____
14. romper_____
15. ver_____

5. Change from the preterit to the corresponding perfect tense:

Preterit _____ *Present Perfect*_____ *Past Perfect*

EXAMPLE: yo hablé   he hablado   había hablado

1. volvieron   _____ _____
2. cantaron   _____ _____
3. bailaste   _____ _____
4. comió   _____ _____
5. hizo   _____ _____
6. fue   _____ _____
7. volví   _____ _____
8. puso   _____ _____
9. escribimos   _____ _____
10. dijísteis   _____ _____

6. Change from the imperfect to the corresponding perfect tense:

Imperfect   Present Perfect   Past Perfect

EXAMPLE: yo estaba   he estado   había estado

1. aprendía   _____ _____
2. decía   _____ _____
3. podías   _____ _____
4. rompíamos   _____ _____
5. hacía   _____ _____
6. sabías   _____ _____
7. hablábamos   _____ _____
8. veías   _____ _____
9. iban   _____ _____
10. eran   _____ _____

7. Change from future or conditional to the corresponding perfect tense:

Future or Conditional Future Perfect   Conditional Perfect

EXAMPLE: yo hablaré   yo habré hablado   yo habría hablado
         yo vería

1. comeré   _____ _____
2. hablarías   _____ _____

3. diremos   _____   _____

4. comprábamos   _____   _____

5. vendían   _____   _____

6. tendrían   _____   _____

7. asistirán   _____   _____

8. harás   _____   _____

9. traería   _____   _____

10. venderé   _____   _____

Vampiro

I. VOCABULARIO

1. el altar = altar
2. la iglesia = church
3. el santuario = sanctuary
4. bendice = he, she blesses, gives the benediction
5. el novio = boyfriend
6. tampoco = neither
7. sostener = to sustain, to keep
8. las mejillas = cheeks
9. el demonio = the Devil
10. el mundo = world
11. ocultar = to hide
12. el cielo = heavens
13. el edificio = building
14. la esposa = wife
15. la vejez = old age
16. piadoso = pious
17. la nieve = snow
18. la mezcla = mixture
19. la prueba = proof, test
20. mausoleo = mausoleum

A. USE THE PRECEDING WORDS IN CREATIVE AND ORIGINAL SENTENCES

1. _____
2. _____
3. _____
4. _____
5. _____
6. _____
7. _____
8. _____
9. _____
10. _____

11. _____
12. _____
13. _____
14. _____
15. _____
16. _____
17. _____
18. _____
19. _____
20. _____

II. CUENTO

Vampiro

de

Emilia Pardo Bazán

No se hablaba en el país de otra cosa. ¡Y qué milagro! ¿Sucede todos los días que un hombre de setenta años vaya al altar con una niña de quince?

Así, exactamente: quince y dos meses acababa de cumplir Inesiña, la sobrina del cura de Gondelle, cuando su propio tío, en la iglesia del santuario de Nuestra Señora del Plomo bendijo su unión con el señor don Fortunato Gayoso, de setenta y siete y medio. La única exigencia de Inesiña había sido casarse en la iglesia; era devota de aquella Virgen y usaba siempre el escapulario del Plomo. Y como el novio no podía subir por su pie la cuesta que conduce al Plomo desde el camino entre Cebre y Vilamorta, ni tampoco sostenerse a caballo, determinaron que dos fuertes mozos de Gondelle llevasen a don Fortunato a la silla de la reina hasta el templo.

Sin embargo, en los casinos, farmacias y demás círculos de Vilamorta y Cebre, como también en las sacristías de las iglesias, se hubo de convenir en que a Inesiña le había caído el premio mayor. ¿Quién era, vamos a ver, Inesiña? Una chiquilla fresca, llena de vida, de ojos brillantes, de mejillas como rosas; pero qué demonio, ¡hay tantas así! En cambio, caudal como el de don Fortunato no se encuentra otro en toda la provincia. El sería bien ganado o mal ganado, porque ésos que vuelven del otro mundo con tantísimos millones de duros, sabe Dios qué historia ocultan entre las dos tapas de la maleta, sólo que . . ., ¡pchs! ¿quién se mete a investigar el origen de una fortuna? Las fortunas son como el buen tiempo: se disfrutan y no se preguntan sus causas.

Que el señor Gayoso se había traído mucho dinero constaba por referencias muy auténticas; sólo en el Banco de Auriabella dejaba depositados cerca de dos millones de reales. Cuantos pedazos de tierra se vendían en el país, los compraba Gayoso; en la misma plaza de la Constitución de Vilamorta había adquirido un grupo de tres casas, derribándolas y alzando nuevo y magnífico edificio.

—¿No le bastarían a ese viejo siete pies de tierra?—preguntaban entre burlones e indignos los concurrentes al Casino.

Júzguense lo que añadirían al difundirse la extraña noticia de la boda, y al saberse que don Fortunato, no sólo dotaba espléndidamente a la sobrina del cura, sino que la instituía heredera universal.
Los berridos de los parientes, más o menos próximos, del rico, llegaron al cielo: se habló de tribunales,
de locura senil, de encierro en el manicomio. Mas como don Fortunato conservaba sus facultades, fue
preciso dejarle.

Lo que no se evitaba fue la cencerrada monstruo. Ante la casa nueva, decorada sin reparar
en dinero, donde estaban ya los esposos, se juntaron, armados de sartenes, cuernos y pitos, más
de quinientos bárbaros. En el edificio no se abrió una ventana, no se filtró una luz: cansados y
desilusionados, los cencerreadores se retiraron a dormir ellos también. La próxima noche dejaron
en paz a los esposos y en soledad la plaza.

Entre tanto, allá dentro de la hermosa mansión, la novia creía soñar; por poco, cuando estaba
sola, capaz se sentía de bailar de gusto. El temor, más instintivo que razonado, con que fue al altar de
Nuestra Señora del Plomo, se había disipado ante los dulces y paternales razonamientos del anciano
marido, el cual sólo pedía a la tierna esposa un poco de cariño y de calor, los incesantes cuidados
que necesita la extrema vejez. Ahora se explicaba Inesiña los reiterados "No tengas miedo, boba";
los "Cásate tranquila" de su tío. Era un oficio piadoso, era un papel de enfermera y de hija el que
le tocaba desempeñar por algún tiempo . . ., acaso por muy poco. La prueba de que seguiría siendo
chiquilla, eran las dos muñecas enormes, vestidas de sedas, que encontró en su mesilla, muy graves,
con caras de tontas. Allí no se concebía que pudiesen venir otras criaturas más que aquellas de fina
porcelana.

¡Asistir al viejecito! Vaya: eso sí que lo haría Inés. Día y noche — la noche sobre todo, porque
era cuando necesitaba a su lado un abrigo dulce—se comprometía a atenderle, a no abandonarle un
minuto. ¡Pobre señor! ¡Era tan simpático y tenía ya tan metido el pie derecho en la sepultura! El
corazón de Inesiña se conmovió: no habiendo conocido padre, se figuró que Dios le daba uno. Se
portaría como hija, y aún más, porque las hijas no prestan cuidados tan íntimos, no ofrecen su calor
juvenil; y en esto justamente creía don Fortunato encontrar algún remedio a la decrepitud. "Lo que
tengo es frío —repetía—mucho frío, querida; la nieve de tantos años cuajada ya en las venas. Te he
buscado como se busca el sol; me arrimo a ti como si me arrimara a la llama en mitad del invierno.
Acércate, échame los brazos; si no, me quedaré helado inmediatamente. Por Dios, abrígame; no te
pido más".

Lo que se callaba el viejo, lo que se mantenía secreto entre él y el especialista curandero inglés a
quien ya como en último recurso había consultado, era el convencimiento de que, puesta en contacto
su vejez con la fresca primavera de Inesiña, se verificaría un misterioso cambio. Si las energías
vitales de la muchacha, la flor de su robustez, su intacta provisión de fuerzas debían reanimar a don
Fortunato, la decrepitud de éste se comunicaría a aquélla, transmitida por la mezcla y cambio de
los alientos, recogiendo el anciano un aire vivo, ardiente y puro y absorbiendo la doncella un vaho
sepulcral. Sabía Gayoso que Inesiña era la víctima, la oveja traída al matadero; y con el feroz egoísmo
de los últimos años de la existencia, en que todo se sacrifica al afán de prolongarla, aunque sólo
sea horas, no sentía ni rastro de compasión. Agarrábase a Inés, absorbiendo su respiración sana, su
aliento perfumado, delicioso; aquél era el último licor generoso, caro, que compraba y que bebía para
sostenerse; y si creyese que haciendo una incisión en el cuello de la niña y chupando la sangre en la
misma vena se remozaba, se sentía capaz de realizarlo. ¡No había pagado? Pues Inés era suya.

Grande fue el asombro de Vilamorta —mayor que el causado por la boda aún—cuando notaron
que don Fortunato daba indicios de mejorar, hasta de rejuvenecerse. Ya salía a pie un ratito, apoyado
primero en el brazo de su mujer, después en un bastón, a cada paso más derecho, con menor
tembleequeteo de piernas. A los dos o tres meses de casado se permitió ir al Casino, y al medio año, ¡oh

maravilla!, jugó su partida de billar, quitándose la levita, hecho un hombre. Se diría que le injectaban jugos: sus mejillas perdían las hondas arrugas, su cabeza se erguía, sus ojos no eran ya los muertos ojos que se sumen hacia el cráneo.

El medico de Vilamorta hubo de asistir en su larga y lenta enfermedad a Inesiña, la cual murió—¡pobre muchacha!—antes de cumplir los veinte. Consunción, algo que expresaba del modo más significativo la ruina de un organismo que había regalado a otro su capital. Buen entierro y buen mausoleo no le faltaron a la sobrina del cura; pero don Fortunato busca novia. De esta vez, o se marcha del pueblo, o la cencerrada termina en quemarle la casa y sacarle arrastrado para matarle. ¡Estas cosas no se toleran dos veces! Y don Fortunato sonríe, mascando con los dientes postizos el rabo de un puro!

A. Preguntas de compresión

1. ¿Quién era Inesiña y por qué todos en el pueblo estaban sorprendidos?
2. ¿De dónde venía su novio?
3. ¿Qué compraba don Fortunato cada vez que podía? ?Por qué?
4. ¿Cómo se recuperaba don Fortunato?
5. ¿De qué murió Inesiña? Explique.
6. ¿Qué pensaba hacer don Fortunato al final del cuento?

B. Temas para comentar o escribir

1. Discuta el tema del 'indiano' que regresa de América.
2. Discuta las ventajas y desventajas que enfrenta un matrimonio tan desigual en edades.
3. Discuta qué es el Casino y su función social.
4. Discuta las recomendaciones del doctor inglés.
5. Discuta el tema del cuento.

III. GRAMÁTICA

A. The Subjunctive Mood: The Present Subjunctive Tense

The present subjunctive is used much in the Spanish language. Quite briefly, it expresses an action in a dependent clause that is not certain. The present subjunctive also relies upon verb endings. The stem of the present subjunctive is the "yo" form of the simple present tense minus the -o. The endings of the present subjunctive are the following:

For AR Verbs		*For ER and IR Verbs*	
-e	-emos	-a	-amos
-es	-eis	-as	-ais
-e	-en	-a	-an

EXAMPLES ARE AS FOLLOWS:

Lavar		*levantarse*	
Que yo lave,	que nosotros lavemos.	Que yo me levante,	que nosotros nos levantemos
Que tú laves,	que vosotros laveis.	Que tú te levantes,	que vosotros os levanteis
Que él, ella, Ud. lave,	que ellos, ellas, Uds., laven	Que él, ella, Ud. se levante,	que ellos, ellas, Uds. se levanten

Aprender

Que yo aprenda,   que nosotros aprendamos.

Que tú aprendas,   que vosotros aprendais.

Que él, ella,   que ellos, ellas,
Ud. aprenda   Uds. aprendan,

recibir

Que yo reciba,   que nosotros recibamos

Que tú recibas,   que vosotros recibais

Que él, ella, Ud. reciba   que ellos, ellas, Uds. reciban

IV. EXERCISES

1. Write the present subjunctive of the following verbs:

(For example: "yo dormir(ue) = que yo duerma"):

1. yo aprender_____
2. yo leer_____
3. nosotros comer_____
4. Uds. bailar_____
5. ellos tomar_____
6. tú pensar (ie)_____
7. él recordar(ue)_____
8. ellos volver(ue)_____
9. Ud. acostarse(ue)_____
10. nosotros eliminar_____
11. tú encontrar(ue)_____
12. ella querer(ie)_____
13. yo escribir_____
14. Ud. preferir(ie)_____
15. tú servir (i)_____
16. yo tener_____
17. ellos hacer_____
18. Uds. salir_____
19. él traer_____
20. Ud. lavarse_____

There are 6 verbs which are irregular in the present subjunctive. They are:

dar (to give): dé, des, dé, demos, deis, den
estar (to be): esté, estés, esté, estemos, estéis, estén
ir (to go): vaya, vayas, vaya, vayamos, vayáis, vayan
saber (to know): sepa, sepas, sepa, sepamos, sepáis, sepan
ser (to be): sea, seas, sea, seamos, seáis, sean
haber (to have): haya, hayas, haya, hayamos, hayáis, hayan

As stated, the present subjunctive tense conveys a meaning of being uncertain or indefinite. It is used in dependent clauses and it is introduced in a sentence by the word "que" (as it usually only appears in the second or dependent clause in a sentence). The present subjunctive is used in sentences expressing a want, will, hope, emotion, doubt, disbelief or denial. The subjunctive in the dependent clause is translated by 1) the simple present tense: "Espero que vayas conmigo" (I hope *you go* with me); 2) an infinitive: "Quiero que vayas conmigo" (I want you *to go* with me); or 3) the simple future tense: "Es posible que vayas conmigo"(It's possible that *you will go* with me).

Verbs of want, hope or denial are:

aconsejar = to advise
desear = to wish, desire
insistir en = to insist
mandar = to order, command
negar = to deny

recomendar = to recommend
rogar = to beg, plead
sugerir = to suggest
dudar = to doubt
no estar seguro = not to be sure

necesitar = to need
prohibir = to prohibit

pedir = to ask for
querer = to want, wish

The subjunctive is also employed when the independent clause expresses an emotion. Some of the words that introduce emotion clauses are:

alegrarse de = to be pleased
es una lástima = it's a pity
sentir = to feel
tener miedo de = to be afraid of
rezar = to pray

es triste = it's sad
esperar = to wait, hope
temer = to fear
Ojalá que = wish that

"Es" (It is) expressions or impersonal expressions in the main clause also serve as a catalyst to use the subjunctive in the subordinate or dependent clause. Some "Es" (It is) expressions are:

Es importante
Es bueno
Es probable
Es urgente

Es necesario
Es mejor
Es posible
Es preciso

Below, note how the verbs in the main or independent clause spark the use of the subjunctive in the dependent clause.

2. Write the correct form of the verb in the independent or main clause:

1. Yo _____(querer) que Uds. vayan al laboratorio.
2. El maestro _____(mandar) que sus alumnos hagan la tarea.
3. Él nos _____(rogar) que trabajemos más.
4. _____(Ser) necesario que los ciudadanos voten.
5. Nosotros _____(preferir) que tú nos sirvas más refrescos.
6. Elena _____(recomendar) que nosotros comamos en otro restaurante.
7. Mis padres _____(insistir) que volvamos a casa antes de la medianoche.
8. _____(Ser) posible que ella viva en otra ciudad.
9. _____(Ser) mejor que Eduardo no se ponga el sombrero.
10. Me _____(alegrar) de que ella gane la lotería.
11. Yo _____ (esperar) que el gato se sienta mejor.
12. Yo _____(temer) que nosotros tengamos más problemas en el mundo.
13. Sus padres _____(tener) miedo de que la universidad no les acepte a su hijo.
14. Nosotros _____(dudar) de que sea tan rico como dice.
15. _____(Ser) una lástima no poder conseguir más dinero.

Note that in the preceding sentences the subject of the main clause is different from that of the dependent clause. If there is no change of subject, the infinitive is used.

EXAMPLES ARE:

Es mejor ganar por cuenta propia
Quiero ser ingeniero
Me alegro recibir buenas notas
Negamos ascenderlo.

3. Translate the following sentences into English:

1. Quiero que tú te pongas el sombrero_____ .
2. Deseamos que salgan a tiempo_____ .
3. Yo espero que Rosa acepte la invitación_____ .
4. El maestro insiste en que los alumnos no hablen en clase_____ .
5. Nos ruega que pintemos su casa por poco dinero_____ .
6. Le mando a Felipe que saque la basura_____ .
7. Te insistimos en que sirvas la comida sin quejarte_____ .
8. Espero que nunca vuelvas aquí_____ .
9. Dudamos que tenga mucho dinero_____ .
10. Temen que haga frío afuera_____ .
11. Me alegro de que te gradúes de la universidad en 4 años_____ .
12. No es verdad de que llegue tarde a clase_____ .
13. Supongo que les den el número de teléfono a todos los empleados_____ .
14. Yo le sugiero que Ud. vaya a casa ahora mismo_____ .
15. Niegan de que él haga todo lo que pueda hacer_____ .

4. Write the correct form of the verbs:

1. Desean que yo _____(mudarse) a Nueva York.
2. Te insistimos en que _____(practicar) el violín.
3. Quiero que tú _____(saludar) a mis parientes.
4. Me ruegan que yo _____(ir) a la escuela.
5. Nos recomienda que nosotros _____(continuar) la lucha por la igualdad.
6. Mamá prefiere que nosotros _____(quedarse) aquí.
7. No te sugiero que tú _____(gastarse) todo tu dinero en un día.
8. Tememos que él no _____(ser) el hombre para nuestra hija.
9. Se alegra de que ellos _____(poder) ir de vacaciones con él.
10. Ellos insisten en que yo _____ (llegar) a tiempo.
11. Dudo que el gobierno_____(dar) mucho auxilio a los damnificados.
12. Nos niegan que_____(ganar) más dinero.
13. Es improbable que ellos _____(venir) de un pueblo rico.
14. No es posible que yo lo _____(hacer) mejor.
15. No es seguro que él _____(decir) la verdad.

5. Translate to Spanish:

1. I want him to read._____
2. They hope that she will see the movie._____
3. She fears that they will not bring their books._____
4. Peter doubts that his friends will go._____
5. The students suggest that the teacher gives them less homework._____
6. It's sad they don't know it._____
7. I'm happy that you can do it._____
8. They want to be architects._____
9. It's important to bring the books to class._____
10. I advise you to speak with your brother._____

6. Fill in with the indicative or subjunctive mood as needed:

1. Yo espero que él no lo_____(ver).
2. Tú sabes que ellos lo_____(vender).
3. El profesor cree que ellos la_____(tener).
4. Juan dice que ellos no _____(necesitar) el almanaque.
5. No es verdad que ellos _____(comer) mucho.
6. Es lástima que tú no lo _____(poder) ver.
7. Me alegro de que ellos no lo _____(saber).
8. Ojalá que no _____(llegar) mañana.
9. Queremos que tú_____(tener) éxito.
10. Es seguro que ya _____(estudiar) eso.

Sedano

I. VOCABULARIO

1. melancólico = melancholic
2. pidiendo = asking for
3. incapacidad = handicap
4. invitar = to invite
5. la copita = a small drink
6. desproporcionado = out of proportion
7. molestar = to bother
8. soltero = bachelor
9. casado = married
10. extraordinario = extraordinary
11. suponiendo = supposing
12. infantil = childish
13. descolorido = discolored, pallid
14. fácilmente = easily
15. la tristeza = sadness
16. sabido = known
17. regularidad = regularity
18. acostumbrarse = to get used to
19. amargamente = bitterly
20. el padrino = godfather

A. WRITE THE ROOT WORDS FROM THE PRECEDING VOCABULARY LIST

FOR EXAMPLE:

"viejecillo = viej or viejo"
"caminante = camino"

1. _____
2. _____
3. _____
4. _____
5. _____
6. _____
7. _____
8. _____
9. _____
10. _____

11. _____
12. _____
13. _____
14. _____
15. _____
16. _____
17. _____
18. _____
19. _____
20. _____

II. CUENTO

Sedano

de

Emilia Pardo Bazán

Hacía dos años que trabajábamos en la misma oficina, y aún no podía averiguar gran cosa de Sedano. Era un viejecillo débil, flaco, de ojos melancólicos, pero tan exacto, tan amable con todo el mundo. Parecía uno de esos "vencidos" que se consideran inferiores y que están siempre pidiendo excusas por su incapacidad.

Casi por caridad le tomé cierto afecto. En más de una ocasión le regalé cigarros, le di consejos y hasta le invité a una copita de kummel. Su gratitud fue desproporcionada al valor de mis atenciones; me confundía, diré, más bien, casi me molestaba.

—Sedano—le dije un día—cuénteme algo de su vida. ¿Es Ud. soltero, casado, viudo? Me han dicho que tiene una hija. ¡Vamos! ¡Confiese Ud.!

—¡Bah! —respondió él con cierta ironía. No creo que haya nada extraordinario que contar. Soy de Zamora, y me crié en casa de una tía, quien me dejó algún dinero al morir. Vine a Madrid y aquí obtuve una colocación.

—Y ese dinero que trajo de Zamora, ¿lo gastó o lo invirtió?—me atreví a preguntar, suponiendo que por este lado podía averiguar más.

Bajó la cabeza como si meditase.

—Ese dinero estaba invertido en bonos. Como temía que hubiese una baja los vendí a tiempo y me vi dueño de cuarenta mil duros—dijo con una sonrisa infantil.

Al oir "cuarenta mil duros" creí que me engañaba. Me fijé en sus gastadas ropas, especialmente en su descolorido gabán, que era clásico en nuestra oficina como objeto de burlas.

—¿Y qué hizo con ese dinero?—insistí.

—El dinero es una cosa que se pierde tan fácilmente—añadió con tristeza, como si recordase algo desagradable.

—Vamos, que lo gastó en diversiones. ¿No es así? Porque entonces, Ud. era joven todavía . . .

—¿Diversiones? Nada de eso. Yo he sido siempre, como diré . . . un poco raro. No he sabido divertirme. A veces mis amigos me obligaban a salir . . . pero nunca me salí de la regularidad de mis costumbres. Mi única amiga fue una viuda, señora muy amable conmigo. Me acostumbré a su trato y fuimos muy buenos amigos. Pasó algún tiempo hasta que un día desapareció de Madrid. Quedé solo, muy triste, sin amigos, se puede decir. Figúrese Ud. mi asombro cuando una noche, pasados algunos años, se presentó en mi casa una mujer vestida de negro, con una niña recién nacida:—Protéjala, Sedano —me dijo—, que sólo Ud. tiene corazón para hacerlo.

—¿Y era la viuda?

—La misma.

La expresión melancólica de Sedano cambió. La luz de la bondad iluminó su cara.

—La niña vivió conmigo veintiún años. Cuidé de ella como si fuera su padre. ¡Cuántas preocupaciones! Estuvo enferma varias veces y hubo muchos gastos. Yo quería que no le faltase nada.

—?Y dónde está la niña ahora?

—En las Filipinas, con su esposo.

Al decir esto, la voz de Sedano casi se extinguió.

—Se casó con un militar. Le diré a Ud. toda la verdad. La chica se enamoró de un muchacho muy simpático, pero un poco informal. Como la vi tan enamorada, di el permiso para el matrimonio. Me quedé desconsolado. Pasaba la mayor parte del tiempo en su casa. No podía acostumbrarme a la soledad. Un día la hallé llorando amargamente. —Chiquilla, ¿qué tienes? — le pregunté.

—¡Ay, padrino! (así me llamaba). Pepe ha jugado cierto dinero que no le pertenecía. . . . lo perdió todo. Ha comprado un revólver . . . Si él se mata . . . yo también.

—Ahora comprendo qué hizo Ud. con el dinero —interrumpí.

—Así fue. El muchacho cambió de conducta y fue otra persona.

—Y es por esto que Ud. se vio obligado a pedir una colocación en nuestra oficina. Ahora lo veo claro.

—Y en verdad la necesito—concluyó, mirándome con gratitud.

Desde entonces, cuando veo el descolorido gabán de Sedano, pienso en el noble corazón del viejo que lo dio todo por la felicidad de otros.

A. Preguntas de comprensión

1. ¿Quién era Sedano?
2. ¿Qué le compraba la narradora a Sedano?
3. ¿Quién era la gran amistad de Sedano?
4. ¿Quién es la muchacha del cuento?
5. ¿Qué hizo un día su esposo?
6. ¿Adónde fue a vivir el joven matrimonio?

B. Temas para comentar o escribir

1. Discuta las relaciones de Sedano con otras personas.
2. Discuta el gran amor de Sedano.
3. ¿Invierte Ud. dinero en la bolsa? Explique.
4. ¿Cuál es el gran tema del cuento?
5. ¿Cuál es la moraleja del cuento?

III. GRAMÁTICA

A. Other Uses of the Subjunctive

The Subjunctive is also used with certain conjunctions. Conjunctions are words or phrases which connect with other phrases. The conjunctions that introduce the subjunctive are:

a menos que — unless
antes de que — before
con tal de que — provided that
en caso de que — in case of
para que — so that
sin que — without

The verbs or action which follow these conjunctions are not certain or definite that they will occur.

Other conjunctions commonly used with the subjunctive are:

cuando	when
después de que	after
en cuanto	as soon as
hasta que	until
tan pronto que	as soon as

With this set of conjunctions, if the action is definite or has already happened, use the indicative mood. Otherwise, use the subjunctive.

IV. EXERCISES

1. Translate the following sentences into English:

1. Voy a ir con tal de que vengan_____ .
2. Te llamo por teléfono a menos que estés aquí_____ .
3. Estaré listo en caso de que me llamen_____ .
4. Iremos contigo para que ellos vengan también_____ .
5. Él dirá la verdad a menos que ella no le deje hablar_____ .
6. Limpiaremos la casa en cuanto salgan_____ .
7. Miraremos el partido de fútbol en cuanto comience_____ .
8. Tomarán el sol mientras haga buen tiempo_____ .
9. Le daré más dinero cuando lo pida_____ .
10. Pienso salir después de que él llegue_____ .

B. The subjunctive in adjective clauses

Adjective clauses describe or modify preceding nouns or pronouns. These adjective clauses can not be certain or definite; they must be uncertain or indefinite! If the action is certain and definite use the indicative; otherwise, use the subjunctive mood.

2. Write the correct form of the verb:

1. ¿Conoces a alguien que _____(ser) rico?
2. Quiero ir a una playa que _____(tener) muchas palmeras.
3. Necesito un cocinero que _____(cocinar) muy bien.
4. Ellos buscan un apartamento que les _____(gustar).
5. Deseo casarme con una mujer que _____(querer) tener muchos hijos.
6. ¿Hay un restaurante que _____(estar) cerca de nuestra casa?
7. Deseamos comprar un reloj que _____(andar) perfecto.
8. Quieren a alguien que _____(hablar) español e inglés.
9. Necesitan un empleado que ____(poder) hacer muchas cosas.
10. Busco un libro que _____(tener) muchas ilustraciones.

3. With the words provided compose sentences. Follow the word order:

1. Yo / alegrarse / de / que / nosotros / tener/ un / buen / profesor

   _____

2. Ella / dudar / que / yo / hacer / la tarea / esta noche

   _____

3. Ser / posible / recibir / más honores

   _____

4. Te / sugerir / que / llamarla / muy / pronto

   _____

5. Nos / rogar / que / pedir / más dinero

   _____

6. Nosotros / buscar / una casa / que / tener / un jardín

   _____

7. Ella / querer / vender / la casa

   _____

8. Yo / ir / a / salir / tan / pronto / como / él venir

   _____

9. Nosotros / ir / a / portarse / bien / cuando / el profesor / llegar

   _____

10. Él / preferir / que su mamá / servir / la comida.

    _____

C. The Imperfect Subjunctive

Up to now, you have only used the present subjunctive. There is also the imperfect subjunctive which conveys action in the past. The imperfect subjunctive follows the same rules and uses of the present subjunctive. The formation of the imperfect subjunctive uses the third person plural of the preterit tense. The final —*ron* is deleted from the 3rd person plural of the preterit tense and this becomes the stem for the imperfect subjunctive. For example: In "ellos bailaron", we drop the ending employed, —*ron,* and "baila . . ." becomes the stem. The imperfect endings are then used or rather attached to the stem. These endings are used for *all* types of verbs, regular and irregular alike. They are:

-ra	-'ramos
-ras	-ráis
-ra	-ran

Examples are:

hablar (habla — ron)		comer (comie-ron)	
hablara	habláramos	comiera	comiéramos
hablaras	hablárais	comieras	comiérais
hablara	hablaran	comiera	comieran

vivir (vivie-ron)		ser (fue-ron)	
viviera	viviéramos	fuera	fuéramos
vivieras	viviérais	fueras	fuérais
viviera	vivieran	fuera	fueran

4. Write the imperfect subjunctive of the following verbs:

Infinitive	yo	tú	él/ella/Ud.	nosotros	vosotros	ellos, Uds.
recibir	—	—	_____	_____	_____	_____
andar	—	—	_____	_____	_____	_____
comprender	—	—	_____	_____	_____	_____
escribir	—	—	_____	_____	_____	_____
tomar	—	—	_____	_____	_____	_____
venir	—	—	_____	_____	_____	_____
tener	—	—	_____	_____	_____	_____
estar	—	—	_____	_____	_____	_____
saber	—	—	_____	_____	_____	_____
dar	—	—	__	_____	_____	_____
volver	—	—	_____	_____	_____	_____
acostarse	—	—	_____	_____	_____	_____

5. Write the correct form of the imperfect subjunctive:

1. Era necesario que nosotros _____(recibir) el paquete ayer.
2. Ellos le pidieron a Marta que les _____(dar) dinero.
3. Dudábamos de que él _____(vivir) en ese pueblo.
4. No nos dijeron que _____(comprar) ese libro.
5. Nosotros esperábamos que ellos _____(hacer) la tarea.
6. Era una lástima que Juan no _____(poder) venir.
7. No me gustaba nada que ella _____(tener) que salir.
8. Nos alegramos de que nuestro equipo_____(ganar) el campeonato anoche.
9. No era posible de que ellos _____(comprender) la lección.
10. Les dije que _____(traer) sus libros a clase.

6. Rewrite each sentence in the past tense:

1. Quiero que Uds. vayan a la tienda.
2. La profesora insiste en que sus alumnos se porten bien.
3. Nos ruega que digamos la verdad.
4. Es importante que no lleguemos tarde.
5. Preferimos que tú manejes el carro.
6. Mis padres me piden que volvamos a casa antes de la medianoche.
7. Me sorprende que gane el concurso.
8. Es necesario que votemos.
9. Espero que tengamos suficiente dinero.
10. Dudamos que vayan a traernos regalos.

1. _____
2. _____
3. _____
4. _____
5. _____
6. _____

7. _____
8. _____
9. _____
10. _____

D. Sequence of Tenses

The imperfect subjunctive is used when the main verb or verb of the independent clause is expressed in the preterit, imperfect or conditional tenses:

Main Clause		Dependent Clause
Verb in Preterit, or Imperfect, or Conditional	→	Use IMPERFECT SUBJUNCTIVE

If the verb in the main clause is present or future, then the present subjunctive is used in the dependent clause:

Verb in Present, or Future	→	Use PRESENT SUBJUNCTIVE

7. Fill In with correct form of subjunctive tense:

1. Yo quiero que tú_____(bailar) mejor.
2. Ella me pidió que lo _____(traer).
3. José no deseaba _____(nadar).
4. Creo que _____(ser) bueno verlo.
5. No creíamos que Jorge _____(saber) la verdad.
6. Nos ruega que le _____(dar) más dinero en efectivo.
7. Yo no sabía que Ud. _____(acostarse) tan tarde.
8. Ella me sugiere que le _____(enseñar) las notas de clase.
9. Era posible que nosotros _____(hacer) todo el trabajo.
10. Tú no me pediste que yo _____(volver) temprano.

La cita

I. VOCABULARIO. WORD ASSOCIATIONS. MATCH THE LETTER WITH THE NUMBER:

1. el defecto = defect _____
2. la felicidad = happiness _____
3. la vanidad = vanity _____
4. las burlas = pranks, jokes _____
5. el correo = mail _____
6. la dama = lady _____
7. el amor = love _____
8. la primera = first (in a series) _____
9. la tienda = store _____
10. el joven = young person _____
11. la calle = street _____
12. mejor = better _____
13. la puerta = door _____
14. el ruido = noise _____
15. el suelo = floor _____
16. el frío = cold _____

A. la niñez = childhood
B. la mujer = woman
C. la tristeza = sadness
D. la entrada = entrance, gate
E. matar = to kill
F. el último = last (in a series)
G. deforme = deformed
H. la vista = sight, view
I. el calor = heat
J. los insultos = insults
K. ir de compras = to go shopping
L. el odio = hate
M. la esperanza = hope
N. la avenida = avenue
O. humilde = humble, meek
P. el techo = roof

17. la prisa = hurry _____

18. los ojos = eyes _____

19. el asesino = killer _____

20. ojalá = Wish that _____

Q. el silencio = silence

R. peor = worse

S. despacio = slow

T. postal = postal

II. CUENTO

La cita

de

Emilia Pardo Bazán

Alberto Miravalle, excelente muchacho, no tenía más que un defecto: creía que todas las mujeres se morían por él.

Era para Alberto una sensación de felicidad pueril; pero como expresaba su vanidad de hombre irresistible, se formó una leyenda y un ambiente de ridiculez le envolvía. Pero él no notaba las burlas de sus amigos.

Alberto no se sorprendió un día de recibir por correo una carta, en la que una dama desconocida se quejaba de que Alberto no se había fijado en ella. Encargaba el mayor secreto, y añadía que la señal de admitir el amor que ella le ofrecía sería que devolviese aquella misma carta a unas iniciales convenidas.

Al principio Alberto sintió cierto recelo, pero un segundo examen le restituyó su habitual optimismo. La precaución de la devolución de la carta indicaba ser realmente una señora la que le escribía, tratando de no dejar pruebas en manos del afortunado mortal.

Otra segunda carta fijaba el día y la hora, y daba las señas de calle y número. Era preciso devolverla como la primera, y se advertía que, llegando exactamente a la hora señalada, encontraría abiertas la puerta de la calle y la del piso. Se rogaba que se cerrase al entrar.

Fácil parecía enterarse de quien era la bella mujer, conociendo su dirección. Y, en efecto, Alberto dio en rondar la casa, en preguntar en algunas tiendas. Y supo que en la casa vivía una viuda, joven y aficionada a lucir trajes y joyas.

Cuando llegó el día señalado, Alberto se dirigió a la casa, tomando mil precauciones, despidiendo el coche en una calle algo distante, y buscando la sombra de los árboles para ocultarse mejor.

No sin emoción llegó a la puerta de la casa. Parecía cerrada; pero un leve esfuerzo demostró lo contrario. El sereno miró con curiosidad a aquel hombre que no reclamaba sus servicios. Alberto entró en el portal y cerró la puerta. Subió la escalera. La puerta del piso estaba abierta, y Alberto buscó la llave de la luz eléctrica.

La casa parecía encantada; no se oía el ruido más leve. Al encender la luz Alberto notó que los muebles eran ricos. Se adelantó hasta una sala, llena de plantas; en un ángulo había un piano con un paño antiguo, bordado de oro. Tan extraño silencio y el no ver persona humana fueron suficientes para oprimir vagamente su corazón. Un momento se detuvo, dudando si retroceder.

Al fin avanzó hacia el gabinete, todo sedas y almohadas, pero igualmente desierto, y, después de vacilar otro poco, alzó con cuidado las cortinas de la alcoba. Se quedó paralizado. Un temblor de espanto le sobrecogió. En el suelo había una mujer muerta, caída al pie de la cama. Los muebles habían sido abiertos y el contenido esparcido.

Alberto no podía gritar ni moverse siquiera. Los oídos le zumbaban, sudaba frío. Al fin, en un impulso repentino echó a correr, bajó la escalera, llegó a la puerta. Pero no tenía llave. Esperó tembloroso, suponiendo que alguien entraría o saldría. Pasaron minutos. Cuando el sereno abrió, la luz de su linterna dio de lleno a Alberto en la cara, y el vigilante le miró con mayor desconfianza que antes. Pero Alberto pensaba sólo en huir del sitio maldito, y su prisa en escapar fue después, al conocerse el crimen, nuevo y grave cargo.

A la tarde siguiente Alberto fue detenido en su casa. Todo le acusaba: sus pasos alrededor de la casa de la víctima, sus preguntas en las tiendas, su fuga, su voz, sus ojos. Mil protestas de inocencia no impidieron que le llevasen a la cárcel, y no se le admitió la fianza para quedar en libertad provisional. La opinión, extraviada por algunos periódicos que vieron en el asunto un drama sensacional, estaba en masa contra Alberto Miravalle.

—¿Cómo explica usted esta desgracia mía? — preguntó Alberto a su abogado, en una conversación confidencial.

—Yo tengo mi explicación —respondió él. Es sencillo. La infeliz recibía a alguien . . ., a alguien que debe de ser un profesional del crimen. El día anterior la pobre señora había dado permiso a su criada para comer con unos parientes y asistir a un baile. El asesino era quien escribía a usted, quien le fijó la hora, y quien exigió la devolución de las cartas, para que usted no poseyese ningún testimonio favorable. Se llevó las joyas y el dinero. ¿Qué más? El asesino es un supercriminal, que ha sabido encontrar un sustituto ante la justicia.

—Pero es horrible—exclamó Alberto—. ¿Me absolverán?
—¡Ojalá!—pronunció tristemente el abogado.

A. Preguntas de comprensión:

1. ¿Qué gran defecto tenía el señor Miravalle?
2. ¿Que pensaban sus amigos de su problema?
3. ¿Quién le mandó la carta a Alberto, qué le proponía y por qué?
4. ¿Qué hizo Alberto para conocer a la que creía que le escribía las cartas?
5. ¿Qué cargos pesan sobre el señor Miravalle?
6. ¿Qué explicación tiene su abogado?

B. Temas para comentar o escribir:

1. Discuta el tema de Narciso en la mitología.
2. Discuta el tema de tener una cita "a ciegas".
3. Discuta el contenido de las cartas y las condiciones impuestas.
4. Discuta la función del sereno y su equivalente en el mundo de hoy.
5. Discuta la lógica de la explicación del abogado.

III. GRAMÁTICA

A. "Gustar" and Similar Verbs:

"Gustar" translate roughly for "to like" in English. However, notice that it is conjugated mostly in 3rd. person singular and plural, along with indirect object pronouns (me, te, le, nos, os, les).

EXAMPLES:

¿Te gusta bailar? = Do you like to dance?

Me gusta el helado = I like ice cream.

A él le gustan los libros de aventura = He likes adventure books.

A Ud. no le gustan las manzanas = You don't like apples.

Nos gusta(n) esta(s) novela(s) = We like this novel (these novels).

Les gusta(n) esta(s) fruta(s) = They like this fruit (these fruits).

IV. EXERCISES

1. Use the correct pronoun to fill in the blanks:

1. A mí _____ gusta el baile.
2. A Francisco no ____ gustan los camarones.
3. A nosotros _____ gusta la película.
4. A Alicia _____ gusta cantar.
5. A ti no ____ gustan los partidos de fútbol.
6. A ellos no _____gusta nadar.
7. A Uds. ____ gustan las vacaciones de verano.
8. A él no _____ gusta estudiar.
9. A Rosa no ____ gustan las uvas.
10. A Pepito ____ gusta caminar por el parque.

Other verbs using the same construction as "gustar" are the following: aburrir, encantar, fascinar, gustar, importar, interesar, molestar, quedar, and faltar. Some examples are:

Me gusta nadar en el mar = I like swiming in the sea.

Nos importa la educación = We care about education.

Le interesan las notas = He's interested in grades.

A Marta le fascina la actitud de José = Martha loves Joe's attitude.

A los alumnos les falta dinero = Students lack money.

¿Te aburre el programa? = Is the program boring you?

Me encanta la hermana de Timoteo = I love Tim's sister.

Eso les molestó a los chicos = That bothered the kids.

La camisa no le queda bien a Alberto = The shirt doesn't fit Alberto well.

Note the verb agrees with "done to" part of the sentence, not the doer.

2. Choose the correct form of the verb in parenthesis:

1. Me ____(quedar) apretados los zapatos.
2. Le _____(faltar) dinero a Ernesto.
3. No nos _____(importar) los dados.
4. ¿No te ____(aburrir) las novelas?

5. A Roberto le _____ (interesar) las chicas.
6. A los profesores no les _____ (encantar) corregir exámenes.
7. A Elena no le _____ (fascinar) los vuelos locales.
8. A ti te _____ (molestar) la radio alta.
9. Me _____ (interesar) la arquelogía.
10. No me _____ (gustar) las matemáticas.

3. Translate the preceding sentences into English:

1. _____
2. _____
3. _____
4. _____
5. _____
6. _____
7. _____
8. _____
9. _____
10. _____

4. Translate the following into Spanish:

1. I like chocolate_____ .
2. He bothers other students_____ .
3. She's interested in Art History_____ .
4. They're easily bored_____ .
5. Studying is important to us_____ .
6. You like Mary?_____ .
7. Biology fascinates me_____ .
8. The clothes don't fit_____ .
9. We lack luck!_____ .
10. I like good programs on TV _____ .

B. "Se" as an impersonal subject and as passive "Se":

The impersonal "se" is used a great deal in Spanish. In fact, it is used more often in Spanish than in English.

"Se" is often used as an impersonal subject to denote a fact rather than the 'doer'. For instance, in the sentence, "Se vuela de Nueva York a Los Angeles en cinco horas", the emphasis is placed upon the actual flight time, not on the person who's flying. So this translates best as "One can fly from New York to Los Angeles in 5 hours" or "You can fly", "They can fly" or "People can fly". Other examples are:

"Se enseñan 17 lenguas en William Paterson University = They teach 17 languages in William Paterson University.

"Se dice que es verdad = People say it is true.

"Se" is also used as a "false passive", as it's usually called. The English translation is best rendered by the third person singular or plural of to be: "is" or "are", "was" or "were", plus the past participle. Examples are: "se ve" and "se hablan" = "is seen" or "are spoken"; "se prohibió" or "se dijeron" = "was prohibited" or "were said". These English translations, however, don't always translate easily. These sentences convey messages that again emphasize the action, not the doer of the action. The verb does not agree with the doer but with the done to.

Other examples are:

"Se habla español en clase" = Spanish is spoken in class

"Se venden frutas en el supermercado" = Fruits are sold in the supermarket.

5. Translate the following into English:

1. Se venden libros allí_____ .
2. Se prohibe nadar_____ .
3. Se permite fumar aquí_____ .
4. Se rompieron los platos_____ .
5. Se necesita hablar más español_____ .
6. Se me pone la ropa pronto_____ .
7. No se entra por ahí_____ .
8. No se permite usar el celular_____ .
9. Se aprende inglés en casa_____ .
10. Se dice la verdad siempre_____ .

Spanish–English Dictionary

A

a to

abandonar to abandon

abierto open

ablandarse to soften

abogado lawyer

abrir to open

absorta absorbed

acabarse to finish

acaso perhaps

aceite oil

acercarse to approach

acostarse to go to bed

acostumbrarse to get used to

acudir to attend

actuar to act

adelantarse to

adivinar to guess

adorar to adore

adquirido acquired

aficionado fan

afortunado fortunate

agarrar to grab

agradable nice

agradecido thankful

agrícola agricultural

agudo sharp

ahí there

ahora now

ahorcar to hang

alba dawn

alcoba bedroom

alegría happiness

algo something

algún some

aliento breath

aliviar to soften,

alma soul

almohada pillow

alrededor around

altar altar

alto high, stop

alzar to raise

amante lover

amar to love

amargar to embitter

amargo bitter

ambos both

amenazar to threaten

amor love

análogo analogous

anciano old, ancient

andamio scaffold, platform

andar to walk

anónimo anonymous

antes before

anunciar to announce

anuncio ad

añadir to add

año year

apagar to turn off

apariencias appearances

aparentar to appear

apartar to separate

apresurarse to hurry

aquel that

árbol tree

arder to burn

ardiente hot

arrancar to pull off

arreglar to fix

arrepentir to repent

arrimarse to get close to

arruinar to ruin

arzobispo Archbishop

asaltar to assault

asegurar to insure

asesino murderer

así thus

asistir to assist

atentado attempt

atravesar to cross

atribuir to attribute

audaz daring

aún yet, still

aun not even

avanzar to advance

ave hail, bird

ayer yesterday

azar luck

B

bajar to go down

bandido bandit

banquillo bench

bastante enough

bastar to be enough

bastón cane

batacazo bump, thud, fall

beber to drink

belleza beauty

bendecir to bless

bendición blessing

beneficio benefit

bienaventura good fortune

bobo idiot

boda wedding

bondad kindness

bondadoso kind

bordado embroidered

C

cabeza head

caer to fall down

caja box

calcular to calculate

calumnia lie

calle street

cambiar to change

cantar to sing

caos chaos

capaz able

capilla chapel

cárcel jail

cariño dear

carta letter

casa house

casamiento marriage

casarse to get married

casi almost

casualidad luck

causa cause

cazar to hunt

celoso jealous

cena supper

cerca near

cerrar to close

chaqueta jacket

choque crash

chupar to suck

cielo sky

cierto certain

cimbras form

cita date, appointment

ciudad city

claridad clarity

clavado nailed

clave key

cocina kitchen

colocar to place

comenzar to begin

comer to eat

comida meal

como like

cómo how

cómodo comfortable

completo complete

comprender to understand

compromiso engagement

con with

conde Count

conducir to drive

confesar to confess

confiar to trust

confianza trust

conmigo with me

conocer to meet, to know

conseguir to get

consistir to consist

contestar to answer

contra against

contrario opposite

convenir to agree

correo mail

correr to run

corte cut, Court

cortesía courtesy

criada maid

criar to raise

criterio thinking, opinion

D

dama lady, dame

daño harm

dar to give

darse cuenta de to realize

de of, from

deber ought to, must

débil weak

decidir to decide

decir to tell, say

declarar to declare

dedo finger

defecto defect

defender to defend

dejar to leave

delgado thin

demás remaining

demonio demon

dentro de inside

dependiente dependent

derecha right

derecho straight, law

derribar to knock down

desastre disaster

descolorido faded, pallid

desconocido unknown

desde from

desgracia disgrace

desistir to desist

despedir to take leave

despertarse to wake up

destruir to destroy

desvanecido fainted

detener to stop

determinar to determine

devolver to return something to someone

difundir to spread

dignidad dignity

dinero money

discípulo disciple

disparar to shoot

dispuesto ready

diversiones fun, good times

doble double

doler to hurt

donde where

dormir to sleep

dueño owner, master

dura hard, lasts

durante during

E

edad age, time period

embajador ambassador

embriagada drunk

empeñarse to insist, go into a heavy debt

empezar to start

empleado clerk

enamorarse to fall in love

encender to light up

encerrar to lock up

encontrar to find

enemigo enemy

enérgico energetic

enfrente in front of

enfermedad sickness

enfermo sick

engañar to trick

enjugarse to wash

enojarse to get angry

entregar to hand it

entretanto in the meanwhile

época epoch, time period

esbelto thin, elegant

escalera stairs, ladder

escena scene

esconderse to hide

esfuerzo effort

espada sword

especie species

esperanza hope

esperar to wait, hope

establecer to establish

estado state

estar to be

estatua statue

estrépito noise

eterno eternal

exclamar to exclaim

explicar to explain

extranjero foreign

extrañarse to be surprised

extraño strange

extraviado lost

F

fácil easy

faltar to lack

felicidad happiness

feliz happy

fianza bond

fiel faithful

fiesta party

figura figure

fijado fixed

fijar to fix

fijo fixed

fin end

fingir to fake

fondo bottom
formar to form
frecuencia frequency
fuente fountain
fuerte strong
fuga escape

G
gabinete office
gastar to spend
gemir to cry
gesto gesture
gigante giant
gitano gypsy
golpe hit
gordo fat
grande big
granito granite
grave grave
gritar to cry
grito cry
grotesco grotesque
grueso thick
grupo group
guapo handsome
guardar to keep
gustar to like

H
haber to have
hablar to speak
hacer to do, make
hacia towards
hallar to find
hasta until
hay there is, are
henchir to fill
heredero heir

hermana sister
hermano brother
hermosa beautiful
hervir to boil
hija daughter
hijo son
historia history
hoguera bonfire
hombre man
honda deep
honrada honored
honrado honored
huir to run away

I
iglesia church
ignorar to ignore
ilustrar to illustrate
imagen image
imaginario imagined
imitar to imitate
impedir to prevent
improvisar to improvise
impulso impulse
indicar to indicate
indigno not worthy
infiel infidel
infierno hell
infortunio misfortune
inmensa immense
inminente imminent
inocencia innocence
inquieta restless
insistir to insist
inspirar to inspire
instintiva instinctive
intentar to try
interrogar to interrogate

inútil useless
invertir to invest
invitar to invite
ir to go
irremediable unavoidable
irresistible irresistible
izquierda left

J

jactanciosamente boastfuly, arrogantly
jamón ham
jardín garden
joven young
joyas jewelry
jugar to play
juguete toy
justicia justice
justificar to justify
justo just
juventud youth
juzgar to judge

L

lagar winery
lamento cry
lamentar to cry
lanzar to throw
largo large
lección lesson
lector reader
legítimo legitimate
levantarse to get up
leyenda legend
lícito legal
limitar to limit
límite - limit
lindo pretty
linterna lantern

loco crazy
locura madness
lograr to manage
llamarse to call oneself
llano plain
llave key
llegar to arrive
llena filled
llenar to fill
llevar to carry
llorar to cry
lucir to shine
luego then
lugar place
luz light

M

maestro teacher
mágica magical
magnífico magnificent
maleta suitcase
maldito damned
malo bad
mandrágora narcotic plant
madrastra stepmother
mandar to order
manera manner, way
mangoneo meddling, graft
mano hand
mantel tablecloth
mañana tomorrow
maquinalmente automatically
maravilla marvel
marcha march
marido husband
más more
matar to kill
mayor older

mayoría majority

medalla medal

médico doctor

medio middle, half

menos less

(a) menudo often

merecer to deserve

mejor better

mes month

mesa table

metafísica metaphysic

miedo fear

mío mine

mirada look

mirar to look at

mismo same

mitra miter

modo way

molestar to bother

moneda coin

monstruo monster

morir to die

moverse to move

movimiento movement

muchacho boy

muebles furniture

muerto dead

mundo world

mujer woman, wife

multitud crowd

N

nacer to be born

nacida born

nada nothing

nadie nobody

naturaleza nature

necesidad need

necesitar to need

negar to deny

ningún no one

niño boy

noche night

nombrar to name, appoint

novio boyfriend

nota note

notar to notice

nosotros we

nuestro our

nuevo new

número number

nunca never

O

objeto object

obstinado obstinate, stubborn

obscuro dark

ocultar to hide

oficio trade, craft

oído ear

oir to hear

ojo eye

oprimir to oppress

órgano organ

oro gold

oscilar to oscillate, to swing

otro another

P

padres parents

país country

palabra word

pálido pale

pan bread

paño cloth

para for, in order to

parientes relatives

párpado eyelid

pasar to pass

pasos steps

patraña hoax, story

pavo turkey

parecer to seem

pavimento floor, pavement

pecado sin

pedir to ask for

peligro danger

pena sorrow

pensamiento thought

pensar to think

perplejo perplexed, confused

perder to lose

permiso permission

pero but

perro dog

pescado fish

pícaro rogue

pie foot

piedra stone

pobre poor

poder to be able, can

pollo chicken

polvo dust, power

poner to put, place

por for, by

por qué why

porque because

portal entrante hall, porch

poseer to possess

posible possible

preciso precise

preguntar to ask

preocupación worry

primer first

principio beginning

prisa hurry

proceder to originate, to proceed

procurar to try, endeavor

profesar to practice, to profess

profundo deep

pronto soon

propósito purpose

proyecto project

prueba proof, test

pueblo people

puente bridge

pueril childish

puerta door

puesto put, place

punto point

puño fist

Q

quedarse to remain

querido dear

querer to want, wish

R

raíz root

razón reason

recelo suspicion, distrust

recibir to receive

recoger to pick up

referir to refer, to tell

regresar to return

relámpago lightning

reloj watch, clock

renegar to deny

renunciar to quit

repentino sudden

repetir to repeat

replicar to answer

reprimir to supress

requebrar   to flirt with, flatter
resistir   to resist
resonar   to resonate
resplandecer   to shine
responder   to answer
resultar   to result
retratarse   to portray, depict
revolver   to stir
rey   king
riesgo   risk
rodear   to go around, surround
rodillas   knees
rondar   to patrol, court
ruido   noise
ruinas   ruins

S
saber   to know
sacar   to pull out
sacerdote   priest
salir   to go out, date
salud   health
sangre   blood
seda   silk
seguir   to follow
segundo   second
según   accordingly
seguro   sure
sencillo   simple
sentarse   to sit down
sentir   to feel
señalar   to point out
señas   characteristics
ser   to be
servir   to serve
sereno   calm, night watchman
serpiente   serpent
siempre   always

sin   without
siguiente   following
simpático   nice
sobre   about, on top of
sobrina   niece
sobrino   nephew
sol   sun
soldado   soldier
soledad   loneliness
soler   to be in the habit of
solo   alone
sólo   only
sombra   shadow
sonar   to sound
sonreir   to smile
sonrisa   smile
soñar   to dream
sopa   soup
sordo   deaf
sorprender   to surprise
subir   to go up
suceder   to happen
suerte   luck
sumamente   highly

T
tal   such
talismán   talisman, amulet
también   also
tanto   so much
tapas   snacks
tarde   late, afternoon
teatro   theatre
temblar   to shake
temer   to fear
templo   temple
tenedor   fork
tener   to have

teoría theory
tesoro treasure
tía aunt
tiempo time
tierra earth, land
tierno tender
tío uncle
tirar to pull, throw away
titubear to hesitate
tocar to touch, play an instrument
todo everything
tolerar to tolerate, endure
tomar to take, drink
trabajar to work
traer to bring
tranquilo quiet
tratar to treat
travesura mischief
triste sad
tristeza sadness
tropezar to stumble
turbar to upset, disturb
turbia muddy, turbid

U
último last in a series
único unique
usted (Ud.) you

V
vacilar to hesitate
valer to be worth
valor worth, courage
vampiro vampire
venir to come
ventana window
ver to see
verdad true
vestirse to get dressed
vetusto old
vez time (in a series)
viaje trip, voyage
viejo old
vida life
vista sight
viudo widower
volver to return
voz voice
vuestro yours

Y
y and

Z
zapato shoe